KB250983

자산의
리밸런싱

자산의 리밸런싱
: 비트코인과 새로운 투자 전략

2026년 3월 16일 초판 인쇄
2026년 3월 19일 초판 발행

지 은 이 | 배운철
발 행 인 | 오연관
발 행 처 | 삼일피더블유씨솔루션
등 록 번 호 | 1995.6.26. 제3-633호
주 소 | 서울특별시 용산구 한강대로 273 용산빌딩 4층
전 화 | 02)3489-3100
팩 스 | 02)3489-3141
가 격 | 25,000원

ISBN 979-11-6784-525-2 03320

자산의 리밸런싱

비트코인과 새로운 투자전략

배운철 지음

SAMIL | 삼일인포마인

들어가는 말

2025년 전체적으로 비트코인이 강한 상승세를 보이다가 10월 6일 최고가를 찍은 후 급락하면서 2025년 4분기 하락 이후 2026년 초까지 하락과 횡보를 계속하는 모습을 보였다. 2026년 1월 초 살짝 반등하는 모습을 보였지만 약세에서 벗어나지 못하는 상황이었다. 2024년부터 크게 변화하고 있는 비트코인의 위상을 정리하고 앞으로 비트코인 투자에 대한 작은 도움이 되고자 이 책을 발간한다.

박용상 대표님과 2026년 신년 커피 미팅

이 책을 쓰게 된 것은 아주 우연한 미팅에서 아이디어를 얻었다. 2025년 한 해 동안 그렇게 비트코인 투자에 대해서 자주 문의하던 지인들의 관심도 비트코인 가격이 떨어진 후 다시 냉소적이고 비판적인 모습으로 바뀌는 것을 보면서 비트코인 투자와 관련하여 단편적인 조언보다는 중장기적인 투자 관점을 가질 수 있도록 다양하고 충분한 정보를 제공해 주면 어떨까 하는 생각을 하고 있었다.

2026년 1월 중순 자문회의를 마친 후 한동안 못 뵈었던 박용상 대표님을 근처에서 만나 이런저런 얘기를 나누었다. 비트코인 적립식 투자와 관련한 사업 기회도 함께 검토했었고 국내에도 스트래티지처럼

DAT 전략을 도입할 수 있도록 구체적인 컨설팅 프로그램도 함께 기획했던 박 대표님이라 오랜만에 만나서 비트코인을 포함한 투자 시장 전반에 대한 얘기를 한참 나누었다. 2025년 전반적인 비트코인 투자 흐름과 2026년 비트코인 전망에 대한 얘기도 나누었다.

2025년 한 해 동안 딜사이트경제TV에 출연하며 정리했던 방송 내용들을 박 대표님께 잠깐 보여드렸더니 방송 내용을 중심으로 2025년도를 한번 정리하고 2026년도에 대한 전망도 묶어서 책으로 출간하면 좋지 않겠냐는 의견을 들었다. 갑작스러운 책 출간 얘기에 조금 부담이 되었지만 그동안 비즈니스 관련해서 책을 썼던 경험도 있고 비트코인 관련 기사들도 자주 써왔기 때문에 매우 흥미로운 제안이라는 생각이 들었다. 1년간 방송을 준비하며 참고했던 자료들과 작가님들의 깊은 고민이 담긴 질문들은 비트코인 투자자들에게 큰 도움이 될 듯했다. 작가님들의 주옥같은 질문들에 열심히 자료를 찾아서 정리한 답변 내용을 모아서 이렇게 책으로 엮어내게 되었다.

강수경 작가님과 딜사이트경제TV 고정 출연

 강수경 작가님 덕분에 2025년 1월 23일 딜사이트경제TV 아침 방송에서 비트코인 투자 관련 소식을 전한 후 2월부터는 매주 화요일 아침에 미국을 중심으로 한 글로벌 경제 상황과 비트코인 투자 전략에 대한 소식을 전하게 되었다.

 2024년 1월 비트코인 현물 ETF 출시와 7월 이더리움 현물 ETF 출시로 암호화폐 투자 시장이 본격적으로 전통 금융 시장과 연계되어 성장하는 과정을 흥미롭게 지켜보고 있었다. 국내 가상자산 거래소에서 비트코인 투자도 하고 있던 참이라 평소에 살펴보던 뉴스와 정보를 잘 정리해서 방송을 통해 공유하면 그것도 의미 있는 활동이 되겠다 싶어서 힘들지만 흔쾌히 수락한 후 매우 열심히 방송 준비를 했었다. 2025년 한 해 동안 타 방송 프로그램 포함하여 총 45회 방송 출연을 했었다. 대부분이 비트코인을 중심으로 한 암호화폐 투자와 관련한 내용이었다.

비트코인 투자에 대하여

 방송을 하면서 주변을 살펴보니 주식 투자는 하면서도 비트코인 투자를 전혀 하지 않는 분과 구체적으로 말하지는 않지만 매우 적극적으로 비트코인 투자를 하는 분이 꽤 큰 간격으로 나눠지는 것을 알게 되었다. 내 주변에만 그런 것인지 모르겠지만 아주 적극적으로 투자를 하거나 아예 안 하거나 하는 양쪽 극단의 투자자들이 있다는 것을 알게 되었다. 비트코인 투자를 하지 않는 분들은 여전히 비트코인에 대해서 막연하게 변동성이 큰 아주 위험한 투자 자산이라고 인식하고 있는 듯했다. 적극적으로 투자하는 분들 중에서도 일부는 감정적인 투자나 신앙에 가까운 투자 태도를 가지고 있는 듯 해서 조금 아쉬운 느낌이 들기도 했다.

비트코인과 이더리움이 전통 금융 시장과 연동하면서 벌어지는 자산 리밸런싱의 큰 흐름을 다양한 자료들로 좀 더 쉽게 설명을 해드리면 어떨까 하는 생각이 들었다. 부동산, 주식, 금 외에도 아주 매력적인 투자 자산인 비트코인과 이더리움 투자에 대해서 잘 설명해 보고 싶다는 욕심이 생겼다. 주식 투자를 하고 있는 분이라면 비트코인 투자를 하지 않을 이유가 없다. 글로벌 자산운용사들도 투자 포트폴리오에 몇 %씩 편입하여 운용하고 있는 자산이다.

본 책에서는 투자자라는 표현을 기본으로 사용한다. 비트코인 투자의 핵심 전략으로 적립식 분할 매수를 기본으로 추구하는 투자자를 위한 내용이지만 수익 실현을 위한 매도, 평단을 낮추기 위한 저점 매수, 미리 정해둔 금액과 기간에 따라 기계적으로 매수하는 시나리오 전략, 투자 수익률에 따라 적절하게 익절과 손절하는 매매 시나리오 등에 대한 내용은 트레이더 분들에게도 도움이 될 수 있을 것이라 생각한다.

비트코인 투자에는 초보 투자자나 경험 많은 투자자나 큰 차이가 있다고 생각하지 않는다. 주식 투자에 대한 경험이 있다면 비슷하다. 투자자 본인이 보수적 투자 성향이냐, 공격적 투자 성향이냐가 비트코인 투자에도 비슷한 성향으로 반영되는데 비트코인 투자를 하는 분들은 상대적으로 공격적인 투자 성향이 많은 듯하다. 비트코인이 더 변동성이 큰 위험자산이라는 초기 특성 때문일 것이다. 비트코인을 디지털 금이라고 인식하는 투자자라면 아주 장기적인 보유 전략을 가진 보수적인 성향의 투자자라고 볼 수 있다.

글로벌 경제 상황이나 비트코인의 자체 속성이 아니라 개인별 투자 성향에 따라 비트코인을 다른 성격의 자산으로 판단할 수 있다. 해외 관련 뉴스나 자료를 보면서 느끼는 것은 비트코인 자체에 대한 명확한 자산 특성이 있다는 점이다. 이 책에서 비트코인에 대한 다양한 기관과 분석가들의 관점을 소개하고 인용하며 비트코인 투자의 가능성을 정리했다.

투자의 기술, 자산의 리밸런싱

인플레이션으로 인해 현금 가치는 인플레이션만큼 서서히 하락한다. 현재의 금융 시스템은 현금을 들고 있으면 자산의 가치가 자동으로 하락하는 시스템이다. 현금만 들고 있으면 자산의 가치가 스르륵 녹아 버린다. 힘들게 번 현금 자산을 적절하게 다른 투자 자산으로 옮겨 두어야 자산의 가치를 유지하거나 투자 자산 자체의 가치 상승으로 부가적인 가치를 창출할 수 있다.

학교나 회사에서 자산의 가치를 지키고 증식하는 방법을 배우기는 어렵다. 자본주의 경제 시스템에서는 각자 스스로 자산을 관리하는 방법을 익히는 수 밖에 없다. 나의 현금을 어떤 자산에 얼마나 배치할 것인가에 대한 고민은 살아가기 위한 생존의 기술이다. 투자의 기술이 생존을 위해 익혀야 할 가장 기본적인 기술이다.

투자를 한다면 자산을 어떻게 리밸런싱 할 것인가? 비트코인으로 대표되는 암호화폐가 새로운 투자 자산으로 자리를 잡고 있다. 추앙을 할 필요도 없고 무시를 할 필요도 없다. 그저 투자를 할 수 있는 자산 중 하나가 새롭게 자리를 잡고 있는 중이다. 이미 몇 년 전부터 미리 투자한 사람들도 있고 이제 막 시작하는 사람들도 있다. 투자를 고려한다면 슬쩍이라도 한번 살펴볼 만한 자산이다. 이미 투자가 익숙하다면 현재의 투자 포트폴리오를 리밸런싱 할 필요가 있는 자산이다. 해보지 않으면 막연하게 두렵고 어려워 보이지만 막상 해보면 그렇게 어려운 투자 기술이 필요한 것이 아니다. 어떤 투자자산인지 그 성격을 다양한 관점으로 한번 살펴보면 훨씬 만만해 보일 것이다.

가상자산, 암호화폐, 디지털 자산

이 책에서는 가상자산, 암호화폐, 디지털 자산이란 용어를 거의 같은 의미로 혼용해서 사용하고 있다. 국내 뉴스나 소식을 다룰 때는 가상자산이란 표현을 좀 더 많이 썼고 가장 넓은 의미로는 디지털 자산이라는 표현을 사용했다. 가장 많이 사용한 표현은 암호화폐라는 표현이다. 세 가지 용어가 섞여서 나오는데 독자분이 익숙한 표현으로 바꿔서 읽어도 크게 상관이 없다는 점을 밝힌다.

이 책을 읽는 방법

이 책은 9개의 챕터와 1개의 부록으로 구성되어 있다. 챕터 1부터 8까지는 각각 독립된 주제로 구성되어 있으며 어떤 챕터를 먼저 읽어도 상관없다. 목차에서 먼저 읽고 싶은 챕터를 읽고 또 그 다음 읽고 싶은 챕터를 읽으면 된다. 전체를 관통하는 주제는 비트코인을 중심으로 한 암호화폐가 자산 리밸런싱에 포함해야 할 주요 자산이라는 관점과 추세에 대한 내용이다. 비트코인을 자산 리밸런싱에 포함하는 투자자들에게 더 좋은 투자 성과가 있을 것이라는 점을 강조한다. 2025년을 기준으로 비트코인은 엔비디아보다 변동성이 높지 않았다는 사실을 여기서 먼저 강조한다.

챕터 9는 챕터 1부터 8에서 다루지 못한 암호화폐와 관련한 주요 이슈들을 모아서 정리했다. 최근 이슈들이 궁금하면 챕터 9를 먼저 봐도 된다. 특히 챕터 9에는 국내 가상자산 주요 트렌드를 묶어서 정리했다. 암호화폐 현물 ETF 승인이나 미국 비트코인 현물 ETF를 매수하지 못하도록 한 정책이나 원화 스테이블코인과 관련한 금융권의 탐욕 등 이슈를 다루고 비판할 내용들이 많이 있지만 책에는 충분히 담지 못한 점이 아쉽다. 딜사이트경제TV 방송에서는 그때그때 시기별로 다루고 있으니 유튜브를 통해서 다시 보기를 하셔도 좋겠다.

개인 투자자 관점에서 작성

　필자는 비트코인 투자와 관련한 사업을 운영하고 있지 않기 때문에 비트코인 투자와 관련해서는 대부분의 개인 투자자분들과 똑같은 입장에서 이 책을 썼다. 비트코인을 무작정 사서 모으고 절대 팔지 말아야 할 신앙의 자산처럼 다루지는 않는다. 적절한 수익 실현도 하고 하락장에서는 더 큰 손실을 피하기 위해 적절한 손절도 해야 한다는 입장이다. 비트코인도 다른 주식처럼 상식적인 투자를 해야 하는 자산이다. 비트코인 고유의 특성이 있지만 투자는 결국 내가 유동성이 필요할 때 활용하기 위한 목적을 벗어날 수는 없다. 모으는 것 자체가 목적이 될 수는 없다.

　매주 방송을 하기 때문에 주간 비트코인의 가격 흐름을 정리하고 가격이 상승하든 하락하든 그 원인과 배경에 대한 자료들을 찾아서 스스로 동의할 수 있는 내용들을 선별하여 소개해 왔고 앞으로도 그렇게 할 예정이다. 신뢰할 수 있는 출처의 자료와 의견을 전달하기 위해 노력했다. 각 챕터 뒤에 출처를 정리한 것도 책 내용에 담지 못한 내용을 원본 자료에서 더 찾아보시길 바라는 마음에서 정리했다.

고마운 분들

1년간의 방송 내용이 책으로 출간되는 데는 역시 많은 분들의 도움이 있었다. 오랜 인연으로 먼저 저를 찾아주신 강수경 작가님과 이쁘고 귀여운 강 작가님의 아기 루다. 초반에 함께 저를 챙겨주신 홍승희 작가님과 박명석 앵커님, 정다미 작가님, 은빛나 작가님, 현재 저를 도와주고 계신 매우 친절한 김민지 작가님, 암호화폐에 진심으로 열심인 김세영 앵커님, 황우정 PD님을 거쳐 현재 프로그램을 맡고 계신 웃는 모습이 매력적인 이대훈 PD님. 딜사이트경제TV를 통헤 프로그램을 함께 진행했던 모든 분들이 이 책이 나오는데 큰 도움을 주셨다.

이 책을 출간할 수 있도록 강하게 동기부여를 해주신 박용상 대표님과 책 마무리 작업과 출처 확인 작업을 꼼꼼하게 도와준 도요한 형제와 주식 투자와 암호화폐 투자 관련해서 본인의 개인적인 지식과 경험을 아낌없이 공유해 주고 방송 프로그램 모니터링까지 열심히 해 준 S님에게도 특별한 감사의 마음을 전한다. 아빠가 책 쓰는 걸 신기해 하면서 무조건 응원하는 사랑스런 예찬이와 주영이, 바쁜 와중에도 항상 격려와 지원을 아끼지 않는 아내의 응원은 특별히 든든한 힘이 되었다. 이 책이 나오면 어떤 내용인지 다 알지 못하지만 열심히 읽어 주실 어머니께도 이번 기회에 특별히 사랑한다는 마음을 남겨둔다.

차례

들어가는 말 04

Chapter 1. 디지털 자산 시장의 거대한 패러다임 전환

글로벌 금융 시장의 전환점과 비트코인의 위상 19
비트코인이 정규 자산군으로 인식되는 이유 23
비트코인 현물 ETF가 가져온 자산 가치 평가 체계의 혁신 26
'디지털 금'을 넘어선 '글로벌 비축 자산'으로의 진화 과정 30
기관 자금의 유입 경로 분석과 시장 성숙도 진단 33
ETF 출시 전후의 가격 변동성 비교와 시장 체질 변화 36
전통적 안전 자산과 비트코인의 투자수익률(ROI) 비교 분석 38
글로벌 규제 체계가 개인 투자자에게 주는 권리와 기회 40

Chapter 2. 연준의 통화 정책과 비트코인의 상관관계

연준(Fed)의 금리 사이클과 유동성이 자산 가격에 미치는 영향 45
'CME 패드와치'를 활용한 연준 금리 결정 예측과 대응 48
금리 인하 또는 인상 시점을 활용하여 비트코인 매매 타이밍 잡기 51
인플레이션 시대, 법정화폐의 한계와 비트코인의 희소성 가치 54
통화량(M2) 공급량 변화에 따른 비트코인 가격의 변화 57
달러 패권의 변화와 디지털 자산의 상관관계 61

Chapter 3. 미국 우선주의 정치지형과 디지털 자산 규제 명확화

스테이블코인에 날개를 달다: '지니어스 법안' **66**

암호화폐 불확실성을 없앴다: '클래리티 법안' **70**

트럼프 행정부의 암호화폐 친화 정책과 '크립토 허브' 비전 **73**

미국 행정부의 암호화폐 규제 완화 기조 **77**

폴리마켓(Polymarket) 등 예측 시장의 성장과 리스크 대비 **80**

예측 시장(Polymarket)을 활용한 투자 전략 **83**

글로벌 규제 표준화가 가져올 기관 투자자의 심리적 변화 **88**

규제 당국(SEC 등)의 기조 변화와 기관 자금의 유입 속도 **90**

정치적 불확실선 속에서 비트코인이 갖는 '정치적 중립성'의 가치 **94**

Chapter 4. 비트코인 패권 전쟁: 국가적 전략 비축 자산

국가별 비트코인 보유 현황과 전략적 비축 자산(Strategic Reserve) 경쟁 **101**

미국과 중국의 채굴 패권과 디지털 화폐 주권 충돌 시나리오 **105**

스트래티지 등 기업들의 비트코인 재무 전략 도입 **107**

비트코인 도입 국가들의 경제적 자립도 변화 분석 **110**

엘살바도르 비트코인과 Ai에 올인하는 전략 수립 **112**

상장사들의 비트코인 보유 전략이 주가에 미치는 영향 **114**

글로벌 패권 다툼 속에서 개인 투자자가 선점해야 할 포지션 **116**

Chapter 5. 기관 투자의 시대: ETF를 넘어 401k까지

비트코인 현물 ETF의 등장: 비트코인 투자의 새로운 시작 122
ETF 일일 자금 흐름 데이터를 읽는 법과 가격 예측 활용 125
파사이드 인베스터스 데이터를 통한 ETF 자금 유출입 실시간 분석 128
미국 퇴직연금(401k)에 비트코인 투자 개방 130
블랙록, 전통 금융권의 투자 전략 전환 133
암호화폐 포트폴리오 구성과 리밸런싱 이해하기 136
JP모건, 모건 스탠리, 골드만삭스도 암호화폐 금융 채택 139
대학 기금과 국부 펀드의 투자 141
알트코인 옥석을 가려 줄 알트코인 ETF들 144

Chapter 6. 기업의 암호화폐 재무전략(DAT)

디지털 자산 재무 (DAT, Digital Asset Treasury) 전략 151
비트코인 DAT 기업 등장 154
마이클 세일러와 스트래티지의 DAT 전략 156
일본 메타플래닛의 전략과 셈러 사이언티픽 158
톰 리와 비트마인의 이더리움 DAT 전략 163
DAT 전략과 기업 평가 166

Chapter 7. 비트코인 투자 포트폴리오 설계와 자산 배분 전략

리스크 성향에 따른 비트코인 자산 리밸런싱 3가지 모델 172
장기 투자자를 위한 정기 적립식 투자(DCA)의 수학적 우위 175
개인 투자자를 위한 비트코인 투자 전략 180

가치 기반 분할 매수 전략과 포트폴리오 리밸런싱 원칙 184
암호화폐 포트폴리오 편입이 샤프 지수에 미치는 영향 190
비트코인 중심의 핵심-위성 (Core-Satellite) 자산 배분법 195
안전자산으로서 금과 비트코인의 투자 전략 198

Chapter 8. 부의 세대교체와 자산의 대전환

웹 3.0과 Ai가 결합하는 자율 경제 시스템의 탄생 206
Ai와 자율 에이전트가 암호화폐를 거래하는 미래형 투자 209
전통 금융의 토큰화(RWA)가 가져올 거대한 유동성 혁명 214
자산의 리밸런싱을 대비하는 투자자의 장기적인 비전 219

Chapter 9. 암호화폐 주요 이슈들

국내 가상자산 주요 트렌드 227
암호화폐 가격을 움직이는 4가지 변수 238
양자 컴퓨팅과 해킹 위험의 진실 248
비트와이즈, 2026년 암호화폐 시장 10가지 전망 259

부록

포모(FOMO)를 이기는 멘탈 관리 273

Chapter 1.

디지털 자산 시장의
거대한 패러다임 전환

글로벌 금융 시장의 전환점과
비트코인의 위상

글로벌 금융 시장에서 '자산의 리밸런싱Asset Rebalancing'이 본격적으로 진행되고 있다. 지난 수십 년간 이어져 온 달러 중심의 단일 통화 패권과 전통적 안전 자산의 정의가 근본적으로 흔들리면서 다시 금이 조명을 받고 있으며 비트코인은 더 이상 변동성 높은 '위험 자산'이 아닌 '법정화폐 가치 하락에 대한 헷지 자산'으로서 독자적인 위상을 확대하고 있다.

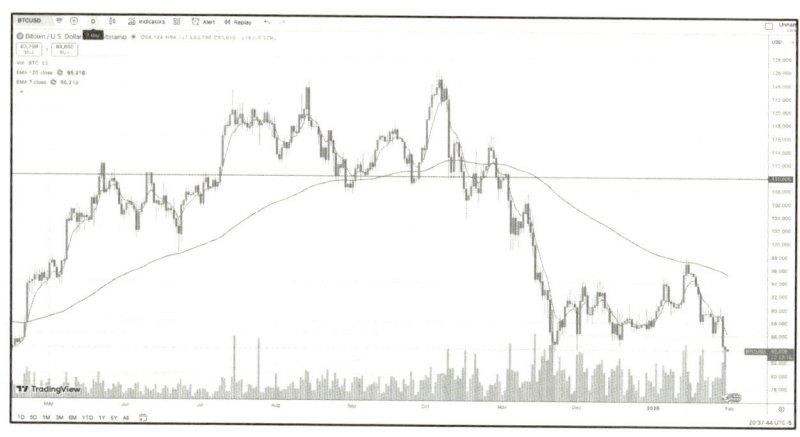

비트코인 가격 차트, 트레이딩뷰

가장 결정적인 변곡점은 2024년 1월 10일 미국에서 비트코인 현물 ETF가 승인된 것이다. 블랙록, 피델리티, 그레이스케일, 아크인베스트먼트 등 11개의 비트코인 현물 ETF가 상장되어 1월 11일부터 주식 시장에서 거래를 시작했다. 본격적으로 전통 금융 시장에 비트코인이 접목된 시점이다. 개인 투자자 뿐만 아니라 기관 투자자들도 증권 거래소에서 비트코인을 매수할 수 있게 된 것이다.

이어서 2024년 7월 23일 이더리움 현물 ETF도 증권 거래소에 상장되어 거래를 시작했다. 암호화폐 시장에서 가장 대표적인 코인인 비트코인과 이더리움이 증권 거래소에 상장된 것은 2024년이 역사적으로 암호화폐 투자 시장에 전환점을 마련한 것이다.

2025년 초 미국 연방준비제도Fed의 금리 정책 변화와 맞물린 거시 경제의 불확실성이 커졌다. 제롬 파월 의장은 2025년 2월 11일, 미국 상원 은행위원회 청문회에 출석하여 반기 통화정책 보고에서 "인플레이션 목표치 달성에도 불구하고 부채 상환 비용의 급증이 재정적 압박으로 작용하고 있다"고 언급하며 금리 인하와 금리 유지에 대한 고민을 언급했다.

이후 트럼프 대통령의 관세 정책과 함께 다시 인플레이션에 대한 우려가 높아지면서 금리 인하는 다시 보수적인 상황으로 돌아섰다. 2025년 한 해 동안 인플레이션, 관세, 국가와 지역별 크고 작은 전쟁 등으로 인한 지정학적 불확실성이 겹치면서 투자 시장은 큰 변동성을 겪어 왔다.

2025년 3월 6일, 도널드 트럼프 대통령이 '미국의 비트코인 전략적 비축과 디지털 자산 비축'에 관한 행정명령에 서명하며 국가 차원에서 비트코인 보유를 공식화한 결정은 암호화폐 시장의 방향성을 새롭게 바꾸어 놓았다. 이 행정명령은 미 재무부가 향후 20년에 걸쳐 비트코인을 국가 전략 자산으로 비축하도록 강제하는 내용을 담고 있으며 이는 전 세계 중앙은행들이 비트코인을 외환 보유고의 일부로 검토하게 만드는 계기가 되었다.

2025년 4월 2일, 트럼프 대통령은 모든 수입품에 대해 최소 10%의 보편 관세를 부과하고 국가별로 차등화된 관세를 적용하며 최대 60% 이상의 보복 관세를 매기는 "해방의 날 관세Liberation Day Tariffs"를 발표했다. 발표 직후 S&P 500 지수는 단 4일 만에 약 5.8조 달러의 시가 총액이 증발하며 1950년대 지수 창설 후 가장 큰 하락세를 기록했다. 관세 부과는 수입 물가를 상승시켜 인플레이션을 일으키며 금리 인하를 지연시킬 것이라는 논리가 작동하여 주식 시장의 '패닉 셀'을 유발했다.

이때 비트코인 가격도 나스닥과 동조화 현상을 보이며 함께 하락했으나 빠르게 반등하며 '디지털 안전 자산'으로서의 위상을 보였다. 이후 비트코인 가격은 부분적인 횡보와 변동성을 보였지만 10월까지 빠르게 상승하는 모습을 보였다.

2026년 비트코인의 가격은 2025년 10월 기록했던 사상 최고치인 약 126,000달러한화 약 1억 7,600만 원에서 조정을 거치며 82,000~94,000달러 선에서 변동폭을 유지하고 있다. 2025년 하반기 가격이 하락하며 횡보하는 조정 국면을 보였지만 2024년 이후 2025년을 지나며 비트코인을 포함한 주요 암호화폐 자산이 전통 금융 시장으로 빠르게 흡수되고 통합되는 대전환점을 주목해야 한다. 전 세계 가상자산 시가총액은 2025년 말 기준 4.2조 달러를 돌파했으며 비트코인의 시장 점유율Dominance은 약 60% 수준을 유지하며 시장의 중심 역할을 맡고 있다. 이제 투자자들과 금융 시장은 비트코인을 혁신적인 금융 기술이 아닌 글로벌 금융 시스템의 구조적 균열이나 통화 팽창에 대비하는 강력한 '하드머니Hard Money'로 인식하기 시작했다.

글로벌 금융 시장의 전환점에서 달라지고 있는 비트코인의 위상에 대해서 좀 더 관심을 가질 필요가 있다. 현금, 주식, 채권, 부동산, 금 등으로 인식되던 금융 시장에 비트코인이 새로운 투자 자산으로 본격적으로 등장하고 있다는 점은 '자산의 리밸런싱'이라는 관점에서 새로운 투자 기회로 활용할 필요가 있겠다.

하드머니Hard Money: 가치가 안정적이고 공급량이 제한된 화폐로 금, 비트코인 등이 있으며 인플레이션에 대한 헷지 수단이 되며 가치 저장 수단으로서 역할을 한다.

소프트머니Soft Money: 정부나 중앙은행의 정책에 따라 공급량을 쉽게 늘릴 수 있는 화폐로 대부분의 법정화폐를 의미한다. 발행이 쉬워 인플레이션을 발생시키며 발행량이 많아지면 가치가 떨어진다.

비트코인이 정규 자산군으로 인식되는 이유

　비트코인이 정규 자산군으로 인식되는 데에는 법적·제도적 정비와 회계 기준의 근본적인 변화가 핵심적인 역할을 하고 있다. 가장 큰 변화는 2024년 12월 15일부터 전격 시행된 미국 재무회계기준위원회^{FASB}의 새로운 회계 규칙(ASU 2023-08)이다. 이전까지 기업들은 비트코인을 무형 자산으로 분류해 가격이 하락할 때에만 손상차손을 반영하고 상승할 때는 이익을 계상하지 못하는 불합리한 구조 속에 있었다. 그러나 공정가치^{Fair Value} 평가가 허용되면서 기업들은 분기별 보고서에 비트코인 보유에 따른 실시간 가치 변동을 반영할 수 있게 되었다.

　이로 인해 스트래티지^{이전, 마이크로 스트래티지}의 마이클 세일러^{Michael Saylor} 회장이 주도했던 '비트코인 재무전략'은 더 이상 일부 공격적인 기업의 변칙적인 투자 사례가 아닌 상장사들의 새로운 기업 재무 전략이 되었다. 2025년 한 해 동안 스트래티지는 257,000개 이상의 비트코인을 추가로 매집하며 기업 비축 자산의 새로운 이정표를 세웠고 2025년 하반기에는 델^{Dell} 테크놀로지스와 세일즈포스^{Salesforce}가 자산의 2~3%를 비트코인으로 전환한다는 계획을 발표하며 시장의 주목을 받았다. 델과 세일즈포스 뿐만 아니라 2025년 한 해 동안 많은 상장 기업들이 비트코인을 기업 재무자산으로 비축하는 이른바 'DAT^Digital Asset Treasure' 전략을 적극적으로 채택하며 스트래티지의 뒤를 따랐다.

2025년 9월 미국 증권거래위원회^SEC가 가상자산 ETF 상장 절차를 표준화하고 심사 기간을 단축하는 '일반 상장 기준'을 도입하면서 비트코인은 주식, 채권, 금과 비슷한 위치에서 투자 포트폴리오의 한 축을 담당하게 되었다. 이제 자산 운용사들은 고객의 투자 성향에 따라 비트코인을 1~5% 비중으로 자동 포함하는 포트폴리오를 제공하고 있으며 금융 전문가들 사이에서 '수탁자 책임^Fiduciary Duty'의 범주 내에서 허용되는 합리적인 다각화 전략으로 인식되고 있다.

2024년 8월, 모건스탠리는 자사 고객들을 대상으로 비트코인 현물 ETF를 능동적으로 권유하기로 결정했다. 월가의 대형 은행 중 처음으로 결정한 사항이다. 8월 7일부터 약 1만 5천 명의 모건스탠리 금융자문역들이 일부 적격 고객들에게 비트코인 현물 ETF 매수를 직접 제안하도록 허용 했다. 허용 대상 상품은 블랙록의 IBIT와 피델리티의 FBTC 두 종목이었다. 적격 고객은 순자산 150만 달러 이상, 공격적 위험 성향, 투기적 투자를 원하는 투자자라는 엄격한 기준을 충족해야 한다. 골드만삭스, JP모건, 뱅크오브아메리카, 웰스파고 등 다른 은행들은 당시 기준으로 '고객이 먼저 요청해야만 거래 가능'한 보수적인 입장을 유지했다. 모건스탠리의 결정은 은행 중 처음으로 비트코인 현물 ETF를 본격 소매 자산관리 채널에서 '판매 가능한 상품'으로 허용한 상징적인 결정이었다.

모건스탠리 비트코인 현물 ETF 상품 제안

비트코인 현물 ETF가 가져온
자산 가치 평가 체계의 혁신

비트코인 현물 ETF는 자산 가치 평가의 패러다임을 과거의 '투기적 수요'에서 '기관 중심의 유동성에 따른 자산'으로 완전히 전환시키는 역할을 하고 있다. 2024년 1월 출시 이후 2025년 말까지 블랙록^{BlackRock}의 iShares Bitcoin Trust^{IBIT}는 단일 상품으로만 순유입액 700억 달러를 돌파하며 역사상 가장 빠르게 성장한 금융 상품으로 기록되었다.

과거 비트코인의 가치는 채굴 원가, 온체인 지갑의 활성도, 반감기 주기 등의 방법론을 활용하여 평가했다. 비트코인 가격과 채굴 기업들의 채굴 원가를 비교하는 방식은 비트코인 채굴 업체들이 채굴 후 바로 매도하여 현금화하는 과거의 방식으로 평가하는 것이다. 비트코인이 반감기를 거치며 비트코인 채굴량이 많지 않은 상황이고 비트코인 채굴 기업들도 채굴 후 바로 매도하는 것보다 비트코인 가격 상승을 기대하며 장기 보유하는 결정이 늘어나고 있다.

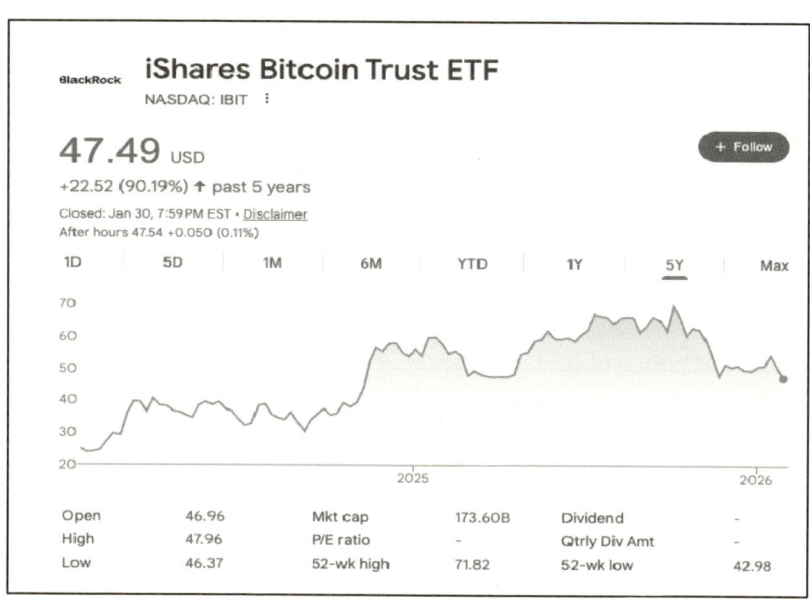

블랙록 IBIT 주식 차트

　비트코인 4년 주기에 따라 가격 상승, 하락, 다시 상승 등을 차트 기준으로 분석하던 방법론도 점점 유의미한 패턴에서 벗어나고 있는 상황이다. 4년 주기론 역시 개인 투자자들과 고래들의 매매가 중심이었을 때 비교적 유효한 평가 방법이었으나 비트코인 현물 ETF 출시 이후로는 4년 주기론도 큰 힘을 얻지 못하는 상황이다.

　이제는 ETF를 통한 기관 자금의 일간, 주간, 월간 자금 입출입 현황과 운용 자산^AUM 규모가 시장의 방향성을 결정하는 핵심 지표^KPI가 되고 있다. 2026년 초, 모건스탠리^Morgan Stanley에 이어 골드만삭스^Goldman Sachs도 전체 자산관리 고객^Wealth Management에게 비트코인 ETF를 정식 제안하기 시작하면서 비트코인 가치 평가의 기준은 단순한 '희소성'을 넘어 '전통 금융 자본의 수용 능력'으로 확장되었다.

모건스탠리는 자체 비트코인 현물 ETF 출시를 신청하며 더욱 본격적으로 비트코인 투자 시장에 뛰어들었다. 모건스탠리의 자산 규모는 7.9조 달러 수준이며 다른 기업의 비트코인 현물 ETF를 유통하던 방식에서 자체 ETF를 판매하는 방식으로 전략을 수정했다. 비트와이즈 보고서에 따르면 2025년 3분기까지 비트코인을 보유한 상장 기업 수는 전 분기 대비 40% 이상 증가한 172개에 달하는 것도 자체 비트코인 현물 ETF를 출시한 배경이 되었고 다른 기관들의 후속 진입도 예상된다. 모건스탠리는 솔라나 현물 ETF도 출시 신청을 했다.

비트코인 보유 상장 기업 수, 비트와이즈

비트코인 현물 ETF의 출시로 투자자들이 비트코인 가격에 대해 가질 수 있는 약간의 혼란도 획기적으로 줄였다. ETF 출시 이전에는 개별 거래소마다 약간씩 비트코인 가격의 차이가 있었다. ETF 출시 이후 비트코인 거래소별로 가격 차이는 거의 없어졌다. 한국거래소에만 발견되는 '김치 프리미엄'도 상당 부분 축소되었다고 볼 수 있다. 최근에는 예전처럼 김치 프리미엄에 대한 언급은 그렇게 많지 않다. 한국 가상자산 거래소 특성상 가격 변동을 반영하는데 약간의 시간차가 발생한다는 정도로만 이해해도 되겠다.

대형 운용사들의 참여로 비트코인과 관련한 정보가 상당히 투명해졌고 매매에 참여하는 투자자와 기관이 대폭 늘어나면서 유동성이 풍부하게 공급되고 있다. 예전처럼 일부 고래들의 대규모 매매에 따라 가격이 요동치던 변동폭이 많이 줄어들었다는 것도 투자자들을 안심시키는 요인 중 하나다. 대형 운용사들이 참여하면서 비트코인이 "SEC가 승인하고 골드만삭스가 거래하는 투자 상품"이라는 안정감을 주는 것도 비트코인 투자에 대한 인식을 개선하는데 큰 역할을 했다.

2025년 초 증권거래위원회SEC가 비트코인 현물 ETF에 대한 옵션 거래Options Trading를 공식 승인하면서 시장은 하락장에서도 수익을 내거나 위험을 관리할 수 있는 추가적인 금융 도구를 가지게 되었다. 2025년 하반기부터는 연기금과 보험사들이 장기 보유 목적으로 유입되면서 단기 차익 거래 자금을 밀어내고 시장의 장기적 안정성을 구축할 수 있게 되었다.

'디지털 금'을 넘어선 '글로벌 비축 자산'으로의 진화 과정

비트코인은 2025년 '디지털 금'이라는 은유적인 비유를 넘어 '국가 전략 비축 자산'이라는 획기적인 지위로 올라섰다. 이런 혁신의 실체는 미국의 '2025 비트코인 법안BITCOIN Act of 2025'의 의회 통과다. 와이오밍주의 신시아 루미스Cynthia Lummis 상원의원이 주도한 이 법안은 미 재무부가 향후 5년에 걸쳐 매년 20만 개씩, 총 100만 개의 비트코인을 매입하여 전체 발행량의 약 5%를 미국의 전략적 비축 자산으로 보유하는 것을 핵심으로 한다.

2025년 3월 6일 트럼프 대통령이 비트코인 등 암호화폐를 국가 전략 자산으로 비축하는 행정명령Strategic Bitcoin Reserve에 서명했다. 미국 정부가 몰수한 비트코인을 매각하는 대신 자산으로 보유하도록 지시하는 내용이 포함되었다. 비트코인을 국가 전략 자산으로 비축한다는 것은 금과 비슷한 지위를 가지는 것으로 인정했다고 해석할 수 있다. 스콧 베센트 재무장관이 "우리는 이 자산을 팔지 않고 계속 축적할 것"이라고 밝혔다. 이에 따라 비트코인 위상은 확실하게 강화되었다.

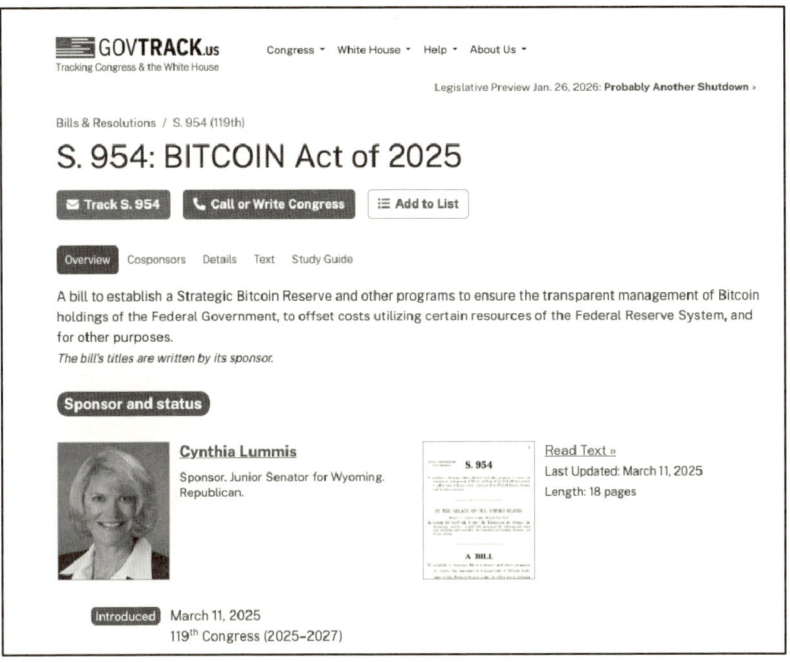

비트코인 법안

미국의 비트코인 법안은 단순히 미국의 투자 결정을 넘어 전 세계적인 '비트코인 비축 경쟁'을 촉발했다. 엘살바도르가 선구적으로 나섰던 길을 세계 최대 경제 대국인 미국이 따라간다고 밝히자 이에 자극받은 중동의 아부다비 투자청ADIA과 사우디 국부펀드PIF도 각각 자산의 일부를 비트코인으로 전환한다는 계획을 공식화했다. 텍사스주 부지사 댄 패트릭 Dan Patrick은 2025년 1월 29일, "텍사스는 더 이상 연방 정부의 결정만 기다리지 않을 것"이라며 주 정부 차원의 비트코인 비축 법안을 최우선 입법 과제로 발표하는 등 국가와 정부 차원의 새로운 패러다임이 등장했다.

비트코인은 지정학적 갈등이나 금융 제재로부터 자산을 보호할 수 있는 '검열 저항적 중립 자산Censorship-resistant Neutral Asset'으로서의 기능을 인정받게 된 것이다. 금이 물리적인 보관에 따른 보안의 부담과 국가 간 이전에 한계가 있는 반면 비트코인은 전 세계 어디서나 즉각적인 전송과 검증이 가능하다는 점에서 국가 차원의 전략 비축 자산으로서 획기적인 강점을 가진다.

기관 자금의 유입 경로 분석과
시장 성숙도 진단

코인셰어즈CoinShares 자료에 따르면 2025년 말 기준, 글로벌 디지털 자산 관련 상장지수상품ETP의 총 운용 자산AUM은 1,800억 달러약 250조 원를 넘어섰다. 자본 유입의 경로는 과거 개인 투자자들의 투기적 거래에서 다각화된 기관 중심 채널로 확실하게 선환되었다. 비트코인이 최고가를 달성했던 2025년 10월 초에는 총 운용 자산이 2,640억 달러 수준의 최고점을 찍기도 했다.

Flows by Exchange Country (US$m) CoinShares	Week flows	MTD flows	YTD flows	AUM
Australia	4.9	4.9	310	177
Brazil	7.4	7.4	-3	1,397
Canada	80.7	80.7	742	5,492
Hong Kong	6.6	6.6	-16	572
Germany	96.9	96.1	2,310	5,755
Sweden	-5.6	-5.6	-838	2,658
Switzerland	34.4	34.4	659	6,334
United States	483	483	43,093	124,759
Other	8.0	8.0	568	33,434
Total	**716**	**715**	**46,824**	**180,579**

글로벌 디지털 자산 ETP AUM

첫 번째 경로는 공적 연기금의 참여다. 2024년 위스콘신주 투자 위원회^SWIB의 1억 6천만 달러 투자는 시작에 불과했다. 2025년 중반, 플로리다주 최고재무책임자^CFO 지미 패트로니스^Jimmy Patronis는 주 연기금 운영 위원회에 비트코인 투자를 공식 요청하며 "비트코인은 텍사스의 석유와 같은 미래의 전략 자원"이라고 강조했다. 미시간주 연금 기금은 2025년 말 비트코인 현물 ETF^ARKB 등 보유량을 대폭 확대했다는 사실이 SEC 공시^13F를 통해 확인되었다. 미시간 외에도 뉴저지 등 최소 12개 주 정부 연기금이 비트코인 ETF를 포트폴리오에 담기 시작했다.

두 번째 경로는 글로벌 자산 운용사와 은행의 포트폴리오 편입 가속화다. 2026년 1월 보고서에 따르면 골드만삭스와 모건스탠리의 비트코인 ETF 보유액이 각각 20억 달러와 40억 달러를 돌파했다. 기관들이 자체적으로 비트코인 ETF를 보유하는 단계를 넘어 고객들에게도 비트코인 ETF를 기반으로 한 맞춤형 자산관리 서비스를 제안하기 시작했다.

세 번째 경로는 패밀리 오피스와 초고액 자산가^UHNW들을 위한 프라이빗 뱅킹 채널의 개방이다. JP모건은 2025년 4분기 보고서에서 자산관리 부문의 고객 중 22%가 가상자산을 보유하고 있으며 그 비중이 전년 대비 3배 이상 증가했다고 밝혔다.

비트코인 투자로 기관 자금이 유입되는 것은 단기적인 투기성 자금이 아닌 장기 투자 자금으로 투자금의 성격이 변하고 있다는 의미다. 기관 자금들이 늘어나면서 기관들의 분기별 포트폴리오 재조정^rebalancicng을 통해 비트코인 가격이 하락할 때 저가 매수를 하면서 하방 지지선을 지켜주는 역할까지 한다. 비트코인이 예전보다 변동폭이 줄어들고 있다.

시장 분석 지표 중 하나인 '선물 미결제약정^Open Interest' 규모는 2025년

10월 950억 달러로 정점을 찍은 뒤 2026년 초에는 약 550억 달러 선에서 안정화되었다. 이는 과도한 레버리지를 활용한 투기적 거래가 줄어들고 대신 ETF를 통한 현물 위주의 장기 투자가 시장의 주류가 되었음을 의미한다. 비트코인의 시가총액 대비 거래량 비율 속도가 점진적으로 하락하고 있는데 이는 비트코인이 '매매용 화폐'에서 '가치 저장용 자산'으로 확실하게 전환되고 있다는 것을 입증하는 강력한 증거 중 하나다.

ETF 출시 전후의 가격 변동성 비교와 시장 체질 변화

현물 ETF 출시 이전인 2021~2023년 사이 비트코인의 연간 변동성Annualized Volatility은 평균 70%를 상회했다. 하지만 ETF가 시장의 거대한 유동성 흡수 창구이자 완충지대 역할을 하게 된 2024년 이후는 연간 변동성 수치가 35~45% 범위로 크게 줄어들었다. 이는 엔비디아NVIDIA나 테슬라Tesla와 같은 나스닥 대형주들의 변동성과 유사하거나 오히려 낮은 수준이다.

시가총액 1위 기업인 엔비디아는 2025년 한 해 동안 4월에 최저가 94달러였고 10월에 최고가가 207달러로 연간 변동폭이 약 120% 수준이었다. 비트코인 최저가는 4월에 7만5천 달러였고 최고가는 10월에 12만6천 달러로 약 68%의 변동폭을 보였다. 변동성이 큰 위험자산이라는 선입견을 가진 비트코인이 2025년 기준으로는 엔비디아 변동폭의 약 50% 수준이었다는 점을 알고 나면 비트코인이 그렇게 변동성이 큰 자산이 아니라는 생각이 들 것이다.

변동성 축소의 핵심 배경은 '기관 자본의 풍부한 유동성' 덕분이다. ETF 출시 이전에는 소수의 '고래'들이 시장 가격을 좌지우지할 수 있었으나 이제는 블랙록, 피델리티 등 글로벌 자산 운용사가 제공하는 막대한 매수 대기 물량이 급격한 가격 하락을 방어하고 있다. 2025년 12월 말, 글로벌 거시경제 위기 우려로 주식 시장이 5% 이상 하락할 때도 비트코인 ETF로는 오히려 순유입이 발생하며 가격 하락 폭을 3% 이내로 방어하여 '안전자산'으로서의 면모를 보이기도 했다.

비트코인 투자 시장의 체질 변화 중 또 다른 주목할 부분은 '장기보유^{HODL}' 물량의 지속적인 증가다. 글래스노드^{Glassnode}의 2025년 연말 자료에 따르면 1년 이상 이동하지 않은 비트코인 비율은 76%를 돌파하며 역대 최고치를 달성했다. 이는 거래소 내 비트코인 잔액이 2018년 이후 최저치인 200만 개 미만으로 떨어진 현상과 맞물려 수요가 조금만 증가해도 가격이 급등할 수 있는 '공급 부족^{Supply Shock}' 구조를 강화하고 있다.

HODL: 비트코인 커뮤니티에서 가장 유명한 단어 중 하나인 호들(HODL)은 원래 보유하다(HOLD)에서 유래된 용어다. 2023년 12월 'Game Kyuubi'라는 닉네임의 이용자가 비트코인 포럼(BitcoinTalk)에 글을 올렸다. 당시 비트코인 가격이 폭락 중이라 다들 패닉 상태였는데 그는 "I AM HODLING"이라는 제목으로 글을 썼다. 원래는 "I am holding"(나는 팔지 않고 버티고 있다)이라고 쓰려고 했는데 오타가 난 것이다. 오타가 섞인 이 글은 커뮤니티에서 폭발적인 반응을 얻었고 이후 비트코인 투자자들 사이에서 '가격이 내려도 절대 팔지 않고 버티는 정신'을 상징하는 용어가 되었다.

나중에는 "Hold On for Dear Life"라고 풀어쓰며 "목숨 걸고 버텨라" 또는 "죽기 살기로 쥐고 있어라"는 표현으로 해석하며 장기 투자를 독려하는 표현으로 사용되고 있다. HODL이 단순한 오타에서 시작된 유머였지만 이제는 비트코인의 장기적인 가격 상승을 믿고 기대하는 '전략적 인내'를 상징하는 용어로 변화했다.

전통적 안전 자산과 비트코인의
투자수익률(ROI) 비교 분석

 2025년 투자수익률 측면에서 비트코인은 전통적 자산들과 흥미로운 상관관계를 보였다. 2025년 한 해 동안 금^{Gold}은 지정학적 불안과 중앙은행들의 매집에 힘입어 약 65%의 기록적인 수익률을 올렸다. 비트코인은 2025년 10월 초 최고가를 찍고 4분기에 가격이 하락하여 연간 수익률은 -4%를 기록하며 아쉬운 성과를 나타냈다. 2024년 연간 약 120%의 수익률을 기록한 후 조정 국면이라고 볼 수도 있다. 2025년 11월과 12월에 걸쳐 장기 보유자들의 대규모 차익 실현 매물과 금융 시장의 불확실성이 겹치며 상승분을 대부분 반납했다는 점이 아쉬운 성과다.

 하지만 장기적인 관점에서의 ROI는 비교 불가능한 수준이다. 2022년의 암호화폐 겨울 당시 최저점인 약 16,500달러 대비 2025년의 최고점인 126,000달러까지의 상승률은 약 660%에 달한다. 같은 기간 S&P 500은 약 45%, 나스닥은 60% 상승하는데 그쳤다. 주목할 점은 비트코인이 2025년 중반 발생한 중동발 지정학적 리스크 당시 전통적 안전 자산인 미국 국채 금리가 급등(가격 폭락)할 때 금과 함께 가격이 상승하며

'탈중앙화된 안전 자산'으로서의 가치를 증명했다는 점이다.

　제이피모건의 전략가 니콜라오스 파니기르초글루Nikolaos Panigirtzoglou는 2025년 10월 보고서에서 "비트코인의 시가총액이 금의 전체 시가총액약 16조 달러의 25% 수준에 도달할 경우, 비트코인의 가격은 20만 달러를 넘어설 것"이라고 예측했다. 2026년 초 투자자들은 비트코인을 단순한 고수익 상품이 아니라 투자 포트폴리오의 전체 위험을 낮추면서도 장기 수익률을 끌어올리는 효율적인 투자 자산으로 활용하고 있다.

글로벌 규제 체계가 개인 투자자에게 주는 권리와 기회

2025년은 암호화폐 시장이 '무법지대'에 있는 위험한 자산이라는 오해를 벗고 '명확하게 규제되는 자산'으로 정책과 인식이 전환된 역사적인 해로 기억할 수 있다. 유럽연합^{EU}의 미카^{MiCA} 법안이 2025년 초부터 전면 시행되며 스테이블코인 발행과 거래소 운영에 대한 엄격한 기준을 제시했고 미국에서는 '21세기 금융혁신 및 기술 법안^{FIT21}'이 상원을 통과하며 가상자산의 법적 성격을 명확히 규정했다.

이러한 법적·정책적 규제 체계의 명확한 확립은 개인 투자자들에게 과거에는 누리지 못했던 세 가지 중요한 권리를 부여했다.

첫째, '기관 수준의 수탁 안전성'이다. 이제 개인들은 코인베이스^{Coinbase}나 피델리티처럼 신뢰할 수 있는 제도권 기관에 자산을 안전하게 보관할 수 있게 되었으며 거래소 파산 시에도 고객 자산이 별도로 분리되어 법적 보호를 받는 장치가 마련되었다. 2022년 FTX 사태와 같은 비극의 재발을 막는 근본적인 해결책이 될 수 있다.

둘째, '정보 불균형의 해소'다. 새로운 규제에 따라 암호화폐 프로젝트와

거래소들은 상장된 가상자산에 대한 정기적인 공시 의무를 갖게 되었다. 개인 투자자들도 기관 투자자들과 마찬가지로 정확한 발행량, 유통량, 주요 보유자 현황 등을 실시간으로 확인할 수 있게 되어 암호화폐와 관련된 정보의 불균형이 상당 부분 해소되었다.

셋째, '범용적 접근성의 확대'다. 개인 투자자들이 복잡한 하드웨어 월렛을 사용하거나 거래소의 보안 위협을 걱정할 필요 없이 자신이 사용하던 기존 은행 앱이나 증권사 계좌를 통해 비트코인에 투자할 수 있게 된 것이다. 자산의 리밸런싱 시대에 개인들에게 주어진 진정한 기회는 이제 비트코인을 불확실한 '투기'의 수단이 아니라 내 소중한 노후를 지켜줄 '전략적 은퇴 자산'으로 활용할 수 있는 법적, 제도적 안전장치가 마련되었다는 사실이다.

출처 (References)

1. 공공 및 제도권 기관

미국 증권거래위원회 (SEC), "Statement on the Approval of Spot Bitcoin Exchange-Traded Products", 2024.01.10. 발표

백악관 (The White House), "Establishment of the Strategic Bitcoin Reserve and United States Digital Asset Stockpile", 2025.03.06. 서명

미국 의회 (U.S. Congress): "S.4912 - Boosting Innovation and Technology in Crypto-Assets, Investment, and Network (BITCOIN) Act of 2025", 신시아 루미스 상원의원 발의안. (congress.gov)

유럽증권시장감독청 (ESMA), "Markets in Crypto-Assets Regulation (MiCA)", 2024.06. 30. 스테이블코인 규정 시행, 2024.12.30. 전면 시행

위스콘신주 투자위원회 (SWIB), "SEC Form 13F Filing - Bitcoin ETF Holdings", 2024년 1분기 약 1억 6,400만 달러 비트코인 현물 ETF 보유 공시

2. 주요 뉴스 및 시장 분석

CNBC, "Morgan Stanley tells wealth advisors they can pitch bitcoin ETFs in a first for a big bank", 2024.08.02. 보도

The Block, "BlackRock's bitcoin ETF surpasses 800,000 BTC in assets under management after $4 billion inflow streak", 2025.10.09. 보도

The Block, "Bitcoin ETFs see largest daily inflows since Trump election surge as BlackRock's IBIT nears $100 billion in AUM", 2025.10.07. 보도

CoinShares, "Digital Asset Fund Flows Weekly Report", 2025.10.13. 기준 글로벌 디지털 자산 ETP AUM 2,640억 달러 최고점, 2025.12. 기준 약 1,800억 달러

CoinDesk, "Growing Stacks of Bitcoin Long-Term Holders Signal Bullish Outlook", 2025.06.10. 기준 장기 보유자 공급량 1,446만 BTC 기록

CoinDesk, "BlackRock's Bitcoin ETF: Rare Fund with Massive 2025 Inflows Despite Negative Performance", 2025년 IBIT 순유입 약 250억 달러 이상

Yahoo Finance, "BlackRock Names Spot Bitcoin ETF Among Its Top Investment Themes of 2025", IBIT 누적 순유입 약 625억 달러

BlackRock, "iShares Bitcoin Trust (IBIT) Product Page", 순유입 및 운용자산 현황 데이터

MicroStrategy, "Bitcoin Treasury Strategy", 비트코인 매집 현황 및 재무 전략 공식 IR 자료

Morningstar, "Spot Ethereum ETFs: Should You Invest?", 2024.07.23. 미국 시장 출시

KPMG, "FASB issues final ASU on crypto asset accounting", 공정가치 측정, 별도 표시 및 공시 요구사항

Skadden, "MiCA Update - Six Months in Application", 2025.07. 기준 40개 이상 CASP 라이선스 발급

Norton Rose Fulbright, "Regulating crypto-assets in Europe: Practical guide to MiCA"

Wisconsin Public Radio, "Wisconsin pension fund now includes bitcoin", 2024.05.16. 보도

VanEck, "Mid-December 2025 Bitcoin ChainCheck", 2025.12.15. 기준 온체인 데이터 분석

Chapter 2.

연준의 통화 정책과
비트코인의 상관관계

연준(Fed)의 금리 사이클과 유동성이 자산 가격에 미치는 영향

글로벌 금융 시장에서 미국 연방준비제도^{Fed, 연준}는 '지구의 중앙은행'으로 불린다. 연준의 기준금리 결정은 단순히 화폐의 가격을 정하는 것을 넘어 전 세계 자본이 어디로 흐를지를 결정하는 거대한 댐의 수문과 같다. 비트코인을 비롯한 가상자산은 태생적으로 '유동성의 자산'이라 불릴 만큼 통화 정책에 민감하게 반응한다.

기본적인 메커니즘은 단순하면서도 강력하다. 연준이 기준금리를 낮추면 시중의 차입 비용이 저렴해지고 갈 곳을 잃은 유동성은 수익률이 높은 위험 자산으로 이동한다. 반대로 기준금리를 높이면 무위험 수익률^{국채 금리 등}이 상승하여 위험 자산에 있던 자본이 빠져나간다. 2024년 9월 18일, 연준이 '빅컷^{0.5%p 금리 인하}'을 단행하며 긴축 사이클의 종료를 알렸을 때 비트코인이 즉각적인 반등을 시작한 것은 이러한 영향이 작동한 결과였다. 연준의 빅컷 당시 6만 8천 달러였던 비트코인이 12월 중순까지 10만 6천 달러까지 상승했고 연말에 일부 조정을 받고 9만 3천 달러로 2024년을 마무리했다.

2024년 하반기 비트코인 가격 차트

유동성은 '재무적 조건 지수^{FCI, Financial Conditions Index}'를 통해 자산의 체감 가격을 결정한다. 2025년 상반기 동안 이어진 추가 금리 인하는 시장에 금리에 대한 '정책 전환'이 계속 되겠구나 라는 신호를 주었다. 투자자들은 비트코인 가격이 높지 않다고 체감하는 것이다.

단순히 금리가 낮아지는 것을 넘어 은행들의 대출 태도가 완화되고 기업들의 자금 조달 여건이 개선되면서 위험 자산으로의 자금 유입 속도가 가속화되었다. 2026년 초 시장은 단순한 금리 수치보다 연준의 대차대조표^{Balance Sheet} 변화, 즉 양적 완화^{QE} 재개 여부에 더 큰 비중을 두고 움직이고 있다. 유동성이 공급되면 달러 화폐 가치는 하락하고 공급량이 2,100만 개로 한정된 비트코인과 같은 희소성 있는 자산은 명목 가격이 상승할 수밖에 없는 구조적 필연성이 있다.

재무적 조건 지수^{FCI}: "지금 돈을 구하기 얼마나 쉬운가?"를 나타내는 점수
표다. 돈을 구하기 쉬우면 지수가 낮고 돈을 구하기 어려우면 지수가 높
다고 생각하면 된다. 유동성이 풍부하고 FCI가 낮으면 사람들은 자산의
체감 가격이 낮다고 느낀다. 유동성이 부족하고 FCI가 높으면 사람들은
자산의 체감 가격이 높다고 느낀다.

'CME 패드와치'를 활용한
연준 금리 결정 예측과 대응

　개인 투자자가 연준의 복잡한 속내를 읽기 위해 가장 신뢰할 수 있는 도구는 시카고상품거래소^{CME} 그룹이 제공하는 '패드와치^{FedWatch}' 툴이다. 패드와치는 30일물 연방기금 선물 가격을 바탕으로 향후 연준의 금리 인상이나 인하에 대해 시장이 어느 정도의 확률로 베팅하고 있는지를 실시간으로 보여준다. 투자자들은 이를 통해 연준의 입에서 나오는 '말'이 아니라 거대 자본이 실제로 '돈'을 어디에 걸고 있는지를 파악할 수 있다.

　2026년 1월 31일 기준으로 패드와치툴을 살펴보면 아래와 같다. 막대 그래프의 오른쪽이 현재 금리 수준을 나타내는데 현재 금리를 유지할 가능성이 86.6%이고 0.25%p 인하할 가능성이 13.4%라고 표시되고 있다. 2026년 3월 18일에 열릴 연준의 FOMC 회의에서는 금리가 동결될 가능성이 아주 높은 상황이다. 개인 투자자들도 연준의 금리 관련 정책이 어떤 방향으로 결정될 지 미루어 짐작할 수 있다.

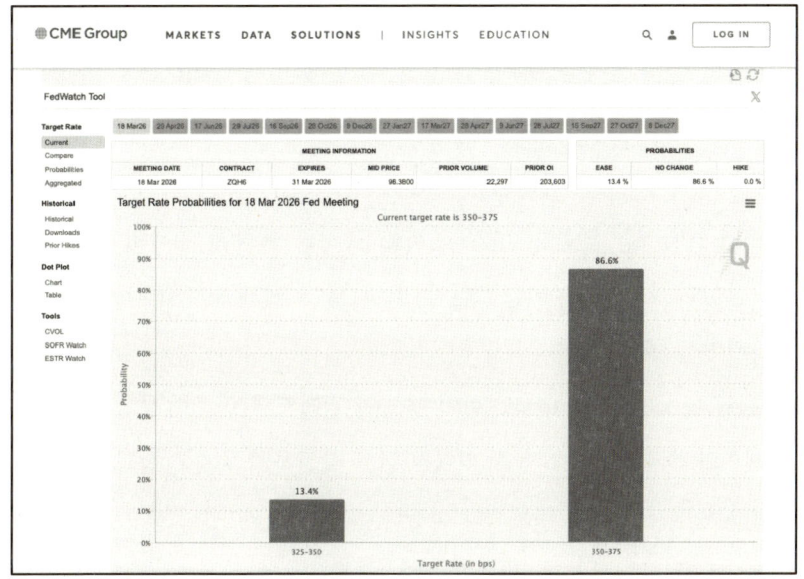

패드와치툴 그래프

실제로 2025년 5월 FOMC를 앞두고 패드와치는 0.25%p 인하 확률을 84%로 예측했다. 당시 많은 미디어는 금리 인하를 하면 인플레이션 반등이 생길 것을 우려하는 보도를 하면서 '매파적 동결' 가능성을 점쳤으나 경험 많은 비트코인 투자자들은 패드와치의 확률을 신뢰하며 선제적인 매수 포지션을 구축했다. 패드와치는 연준 위원들의 주관적인 발언Dot Plot, 점도표보다 실제 자금이 움직이는 선물 시장의 기대를 반영하므로 훨씬 객관적이고 선행적인 지표로 작동한다.

연준의 금리 정책 결정에 따른 대응 전략의 핵심은 '기대치와의 괴리'를 이용하는 것이다. 만약 패드와치가 예상하는 금리 인하 확률이 90% 이상일 때 실제 인하가 단행되면 막상 시장은 이를 선반영을 통한 '재료 소멸'로 받아들여 단기 조정을 겪을 수 있다. 반대로 동결 예상

속에서 기습적인 인하를 결정할 경우 비트코인은 유동성 공급을 기대하며 폭발적인 상승 랠리를 기록한다.

2024년 11월 7일 미 대선 직후 열린 FOMC에서 연준이 금리 인하를 단행하자 비트코인은 환호하며 사상 최고가를 경신했다. 하지만 1년 뒤인 2025년 11월에는 연준이 추가 인하를 했지만 예상된 인하였고 시장의 불확실성이 커지면서 비트코인이 10만 달러 아래로 밀려나는 상황이 벌어지기도 했다.

개인 투자자들도 FOMC 회의 당일의 결과도 확인해야겠고 회의 2주 전 패드와치에 반영된 시장의 확률을 함께 확인하며 투자 방향과 포지션을 조절하는 투자 전략을 활용해야 하겠다. 최근에는 패드와치툴뿐만 아니라 예측시장인 폴리마켓과 칼시의 예측 베팅을 살펴보는 것도 투자 의사 결정에 도움이 된다.

금리 인하 또는 인상 시점을 활용하여
비트코인 매매 타이밍 잡기

비트코인 투자는 장기적으로 보유하며 분할 매수를 통해 계속해서 물량을 늘리는 것을 가장 추천한다. 금리 인하나 금리 인상과 관련하여 매매 타이밍을 고려하는 방법은 금리와 자산의 상관관계를 이해하는 측면에서 꼭 알아두었으면 하는 내용이라 소개한다.

비트코인 투자에서 피해야 할 실수는 금리가 높을 때 고점에서 매수하거나 저점에서 매도하는 것이다. 역사적으로 비트코인은 금리 인하가 '실제로 시작된 시점'보다 '인하에 대한 기대가 형성되기 시작한 시점'에 가장 뜨겁게 반응하며 실제 인하가 진행되는 과정에서는 오히려 수익률이 둔화되는 경향을 보인다.

매수 타이밍은 금리 인상이 종료되고 '동결' 구간에 진입했을 때가 비트코인을 매수하기에 최적의 타이밍이다. 2023년 하반기부터 2024년 상반기까지 이어진 금리가 높게 유지되는 기간 동안 비트코인은 지루한 박스권 횡보를 거쳤으나 이때가 바로 스마트머니와 기관들의 매집 구간이었다. 연준이 "인플레이션이 목표치에 근접하고 있다"는 신호를 보내는 순간 시장은 이미 6개월 뒤의 유동성 증가를 선반영하여 차트를 우상향으로 돌리기 시작한다. 인플레이션을 잡기 위해 높은 금리를 유지했다가 인플레이션이 목표치에 근접했다는 것은 금리 인하를 할 수 있다는 신호이고 이런 신호를 시장은 빠르게 반영한다.

매도 타이밍은 금리 인하 기간이 막바지에 이르고 시장에 다시 인플레이션 우려가 생기면 연준은 '중립 금리'나 '금리 인상 재개'를 언급하며 시장에 미리 신호를 준다. 2020년 코로나로 인해 각국 정부는 경기 부양을 위해 양적 완화를 시행했고 시중의 통화량 증가로 비트코인을 포함한 암호화폐에 불장이 왔다. 2021년 11월, 연준이 테이퍼링^{자산 매입 축소}을 시작하기 직전 비트코인은 69,000달러로 고점을 찍었다. 2022년 3월, 금리 인상과 함께 양적 완화를 종료했다. 2022년 6월, 양적 긴축을 시사하며 연준은 보유한 채권의 만기가 돌아와도 재투자하지 않고 소멸시키는 방식으로 대차대조표 축소에 들어갔다. 이와 함께 비트코인과 암호화폐는 하락세로 돌아서며 '크립토 윈터'가 시작되었다.

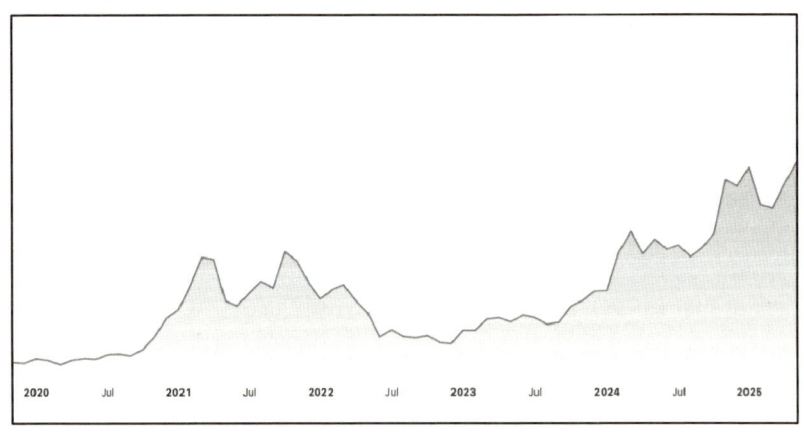

2020년부터 2025년까지 비트코인 가격 차트

    투자자는 연준의 금리 관련 정책의 방향과 시차를 잘 이해해야 한다. 금리 변화가 실물 경제에 영향을 미치는 데는 12~18개월이 걸리지만 비트코인은 이를 단 몇 주 만에 선반영하기 때문이다. 비트코인 가격은 유동성 공급에 가장 큰 영향을 받는다. 시중에 유동성을 공급하는 가장 큰 변수는 연준의 기준 금리 방향이다. 연준의 기준 금리 방향이 조정될 때는 비트코인 가격이 크게 흔들릴 수 있으니 이때를 적절한 매매 타이밍으로 활용할 수 있다.

인플레이션 시대, 법정화폐의 한계와
비트코인의 희소성 가치

비트코인을 새롭게 투자하는 투자자에게 초반에 항상 강조하는 것은 법정화폐의 가치 하락을 방어할 수 있는 투자 자산이 될 수 있다는 내용이다. 법정화폐의 통화량 증가는 어쩔 수 없이 인플레이션으로 이어진다. 각국 정부는 연간 몇 % 이내로 인플레이션을 허용할 것인가를 예상하고 기준 금리를 조정하고 경제 정책을 펼친다.

연도별 소비자물가(CPI) 및 연준 기준금리 비교			
연도	소비자물가 상승률(CPI)	연준 기준금리(상단 기준)	주요 경제 상황
2016	1.3%	0.75%	완만한 경기 회복 및 점진적 금리 인상 시작
2017	2.1%	1.50%	경제 성장세 강화 및 통화정책 정상화 가속
2018	2.4%	2.50%	견조한 고용 시장과 연준의 지속적 금리 인상
2019	1.8%	1.75%	미·중 무역 갈등으로 인한 '보험용' 금리 인하
2020	1.2%	0.25%	코로나19 팬데믹 발생, 제로 금리 및 양적 완화
2021	4.7%	0.25%	공급망 병목 및 보복 소비로 인한 물가 급등 시작
2022	8.0%	4.50%	40년 만의 최악 인플레이션, 공격적 금리 인상
2023	4.1%	5.50%	물가 둔화 시작 및 22년 만의 최고 금리 유지
2024	2.6%	4.50%	인플레이션 안정화 및 금리 인하 사이클 진입
2025	2.2% (추정)	3.75% (추정)	물가 목표치(2%) 근접 및 통화정책 정상화

미국 10년간 소비자물가와 연준의 기준금리 비교, Gemini 활용

2021년처럼 물가가 오르는데 금리가 낮을 때는 주식, 부동산, 비트코인 등의 가격이 급상승한다. 물가가 오르면 법정화폐의 가치가 떨어지기 때문에 법정화폐의 가치 하락을 방어하기 위해 현금이 아닌 금이나 비트코인 같은 자산으로 갈아타야 하는 것이다. 이때 가지고 있는 현금을 다른 자산에 투자하는 것뿐만 아니라 낮은 금리로 돈을 빌려서라도 비트코인에 투자를 하기 때문에 비트코인 가격이 빠르게 상승하는 것이다.

법정화폐는 중앙은행과 정부의 정책적 판단에 따라 무한히 발행할 수 있지만 비트코인은 수학적 알고리즘과 코드에 의해 2,100만 개로 공급량이 기술적으로 제한되어 있다. 2024년 4월 20일에 있었던 4번째 반감기는 비트코인의 연간 인플레이션율을 약 0.8% 수준으로 떨어뜨렸으며 이는 수백 년간 가치 저장 수단이었던 금의 연간 공급 증가율^{약 1.5~2%}보다 낮다. 금은 상황에 따라 새로운 금광을 발견하거나 채굴 기업의 증가로 공급량이 늘어날 수도 있지만 비트코인은 어떤 상황이라도 추가 공급량을 제공할 수 없는 희소성을 가진 자산이다. 2025년 3월 12일 예상으로 비트코인은 2천만 개가 채굴이 된다. 이후로 비트코인이 시장에 추가로 공급할 수 있는 물량은 100만 개뿐이다.

세계 최대 자산운용사 블랙록의 래리 핑크^{Larry Fink} 회장은 2025년 1월 다보스 포럼 인터뷰에서 통화 가치 하락에 대한 공포가 커질수록 비트코인은 강력한 헷지 수단이 될 것이라는 의견을 밝혔다. 인플레이션이 일상화된 환경에서 비트코인은 단순한 수익률을 넘어 법정화폐를 대신하여 구매력을 온전히 보존하는 '가치 저장 수단'으로서의 위상이 강화되고 있다. 2025년 중반, 미국 부채 한도 협상이 난항을 겪으며 달러 신용에 대한 우려가 커졌을 때 비트코인이 '위험 자산'이 아닌 '안전 자산'과 유사한 움직임을 보인 것은 이러한 희소성 가치가 전통 금융시장에도 서서히 수용되고 있음을 의미한다. 래리 핑크 회장은 2025년 3월 31일 연례 서한에서 "비트코인은 더 이상 투기 대상이 아니라 각국 정부의 무분별한 재정 지출과 그에 따른 화폐 가치 하락에 대비한 보험"이라고 정의했다. 미국이 부채 통제를 실패할 경우 비트코인이 달러를 대신하여 지배력을 가질 수 있다고 경고하는 내용이 담겨 있다.

BlackRock CEO Larry Fink warns dollar at risk of losing world reserve currency status to digital assets like bitcoin

By James Hunt

PEOPLE · MARCH 31, 2025, 8:21AM EDT

THE BLOCK

래리 핑크, 블랙록

통화량(M2) 공급량 변화에 따른
비트코인 가격의 변화

비트코인 가격과 가장 강력한 상관관계Correlation를 보이는 지표는 기준 금리와 함께 살펴봐야 할 '글로벌 통화량M2, Broad Money'이다. M2는 현금, 예금 등을 포함한 광의의 통화지표로 금융 시스템 내에 존재하는 전체 유동성의 총량을 의미한다. 중앙은행이 금리를 낮추거나 국채를 매입하면 M2가 증가한다. M2가 증가하면 기업이나 가계에 여유 자금이 많아진다는 의미다. 통화 공급이 실물 경제 성장보다 빠르면 물가 상승으로 이어진다. 통화량이 증가하면 화폐 가치는 떨어지고 화폐 가치 하락을 방어하기 위해 비트코인 매수가 늘어나면서 비트코인 가치가 올라간다.

2020년 코로나19 팬데믹 당시 연준과 미 재무부는 M2 공급량이 1년 만에 25% 이상 폭증했을 때 비트코인은 2021년의 거대한 불장을 연출했다. 반대로 2022년 역사상 처음으로 M2 공급량이 전년 대비 감소하는 역성장이 발생하자 비트코인은 70% 이상의 대폭락을 경험했다. 2025년 들어 미 재무부의 재정 방출과 연준의 유동성 지원 프로그램이 맞물리며 M2가 다시 가파른 우상향 곡선을 그리자 비트코인 가격 역시 이를 따라 10만 달러 고지를 탈환하는 상황을 보였다.

글로벌 리퀴디티Global Liquidity 분석의 대가인 마이클 하웰Michael Howell은 그의 저서 <자본 전쟁Capital Wars>에서 글로벌 유동성이 실물 경제GDP 등에 약 6~9개월 정도 선행한다고 분석했다. 마이클 하웰은 비트코인을 '전형적인 유동성 헷지 수단'으로 정의했으며 비트코인이 전 세계 유동성 사이클을 가장 민감하게 반영하는 자산이라고 강조했다. 하웰은 비트코인 가격이 글로벌 유동성 지표GLI 및 글로벌 M2 증가율과 0.8~0.9 이상의 매우 높은 상관계수를 가진다고 분석했다.

하웰의 연구를 참고하여 비트코인은 글로벌 유동성의 변화가 실물 경제의 영향을 미치기 전에 앞서 반응하는 자산으로 평가할 수 있다. 글로벌 통화량이 증가하여 실물 경제까지 도달하기 전에 비트코인이 먼저 반응하는 것이다. 글로벌 통화량 증가 후 약 3개월 전후로 비트코인 가격이 반응하는 것으로 보고 매매 전략을 세울 수 있겠다.

비트코인은 '돈의 총량'을 측정하는 매우 정밀한 계측기와 같은 역할을 한다. 연준이 겉으로는 금리를 높게 유지하더라도 정부가 재정 적자를 메우기 위해 시중에 돈을 찍어내거나 국채를 매입한다면 실질 유동성인 M2는 증가한다. 비트코인 투자에서 M2가 중요한 이유는 단순하게 돈의 양이 늘어나는 것뿐만 아니라 '잠재적인 매수세의 크기'를 짐작할 수 있기 때문이다.

　M2의 증가는 비트코인 가격을 떠받치는 강력한 하방 지지선이 된다. 비트코인 투자 전략은 연준의 발언뿐만 아니라 세인트루이스 연방준비은행[FRED] 데이터에 공시되는 실제 통화 공급량인 M2 지표도 함께 살펴봐야 하는 이유가 바로 여기에 있다.

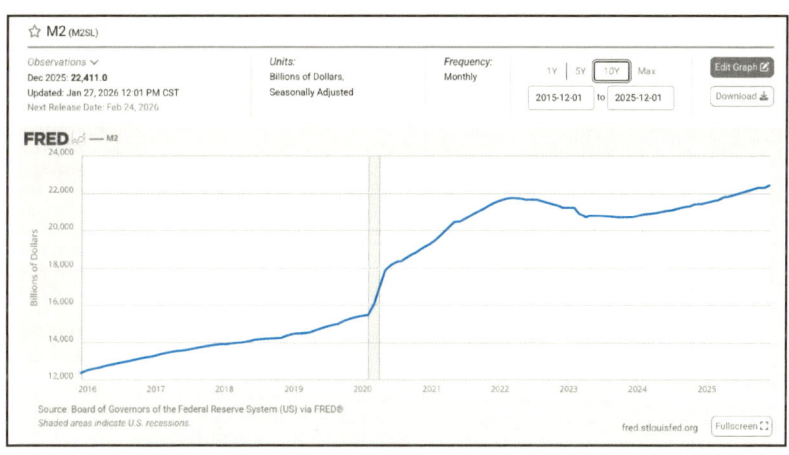

세인트루이스 연방준비은행 M2 차트, 최근 10년

M1협의통화: 현금과 요구불예금(수시입출금)으로 언제든 즉시 결제에 사용할 수 있는 돈을 의미한다.

추가항목: 저축성 예금, 정기 예금·적금(2년 미만) 등 약간의 이자 손실이나 시간이 필요하지만 현금화가 쉬운 자산들이 있다.

M2광의통화: 'M1 + 추가항목'으로 시중 유동성의 규모를 파악할 수 있는 표준 지표다. 시중에 풀린 돈 중에서 즉시 현금화 할 수 있거나 약간의 절차만 거치면 바로 현금화가 가능한 자산의 합계를 말한다.

달러 패권의 변화와 디지털 자산의
상관관계

글로벌 투자 시장에서 또 한 가지 주목해야 할 변화는 '달러 패권Dollar Hegemony'의 구조적 균열에 따른 위기 상황이다. 2024년 브릭스BRICS 국가들의 확장에 이어 2025년에는 중국, 러시아, 사우디아라비아를 중심으로 독자적인 다자간 결제 시스템인 '브릭스 브릿지BRICS Bridge'와 CBDC중앙은행 디지털 화폐 도입이 본격화되었다. 글로벌 금융 시스템에서 달러의 기축 통화 위상이 흔들리고 가치가 하락하는 것에 대한 우려는 각국 중앙은행들로 하여금 달러 보유 비중을 줄이고 금과 비트코인으로 전략 비축 자산의 포트폴리오를 다변화하게 만들었다.

달러의 가치를 나타내는 달러 인덱스DXY와 비트코인은 매우 강한 역상관관계를 가진다. 달러 인덱스가 하락하는 '약달러' 상황DXY 100 이하은 비트코인에게는 강력한 상승 연료가 된다. 미국이 금리를 인상하면 전 세계 돈이 이자를 받기 위해 미국으로 모인다. 달러 수요가 증가하고 DXY가 상승한다. 글로벌 경제 위기 상황이 생기면 가장 믿을 만한 화폐인 달러를 사 모으며 DXY가 상승한다. 유럽이나 일본 경제가 안

좋으면 상대적으로 달러가 강세가 되며 DXY가 상승한다.

미국 정부가 부채 문제 해결을 위해 인위적으로 달러 가치 하락을 유도할 것이라는 전망이 지배적인 가운데 비트코인은 달러 패권의 불안정성에 대비한 현실적이고 효율적인 탈출구로 기능하며 그 위상을 더욱 굳건히 할 것이다. 이제 비트코인은 단순한 투자의 영역을 넘어 변화하는 글로벌 통화 질서에서 각 개인의 금융 주권을 지키는 중요한 대안으로 자리를 잡아가고 있다.

디지털 자산은 달러 중심의 결제망SWIFT을 대체하거나 보완할 수 있는 중립적이고 허가가 필요 없는Permissionless 네트워크를 제공한다. 스테이블코인 USDT, USDC의 시가총액이 2025년 말 3,200억 달러를 돌파했고 비트코인이 '달러의 디지털 유동성'을 전 세계로 공급하는 역할을 해내고 있다. 달러 패권의 위기는 디지털 자산의 성장과 확산의 기회가 되고 있다.

달러 인덱스DXY: 달러 인덱스는 미국 달러의 가치를 세계 주요 6개국 통화와 비교하여 '기하 가중 평균(Geometric Weighted Average)' 방식으로 산출하는 지표다. 현재 DXY는 1999년 유로화 출범 이후 재편된 구성을 유지하고 있다. 유로(EUR, 유럽연합, 57.6%), 엔(JPY, 일본, 13.6%), 파운드(GRP, 영국, 11.9%), 루니(CAD, 캐나다, 9.1%), 크로나(SEK, 스웨덴, 4.2%), 프랑(CHF, 스위스, 3.6%) 구성이다.

단순히 달러의 가치를 나타내는 숫자가 아니고 글로벌 기축 통화로서의 상대적인 구매력과 국제 금융 시장의 유동성을 나타내는 핵심 지표다. 1973년 3월을 기점으로 당시의 가치를 100으로 설정했다. 1971년 닉슨 대통령의 금 태환 정지 선언 후 주요국 통화가 변동환율제로 실행되면서 달러의 객관적 가치를 측정할 필요가 있어서 1973년 연준(Fed)에 의해 개발되었다.

출처 (References)

1. 공공 및 제도권 기관

미국 연방준비제도(Federal Reserve): "Federal Reserve issues FOMC statement" (2024-09-18)

미국 연방준비제도(Federal Reserve): "A New Index to Measure U.S. Financial Conditions" (FEDS Notes, 2023-06-30)

시카고 연방준비은행(Federal Reserve Bank of Chicago): "National Financial Conditions Index (NFCI)"

세인트루이스 연방준비은행(Federal Reserve Bank of St. Louis): "The Rise and Fall of M2" (2023-05)

2. 주요 뉴스 및 시장 분석

시카고상품거래소(CME Group): "CME FedWatch Tool"

시카고상품거래소(CME Group): "FedWatch Tool User Guide"

J.P. Morgan: "Fed Meeting September 2024: Fed Cuts Rates by Half point to support economy" (2024-09-19)

Investopedia: "Understanding the CME FedWatch Tool"

Yahoo Finance: "Bitcoin USD (BTC-USD) Historical Data"

CoinGecko: "Bitcoin Halving"

The Block (Tracker): "Bitcoin Halving"

BRICS Expert Council (Analytics): "Enhancing Cross-Border Settlement Mechanisms Among BRICS" (2025-09-19)

Reuters: "BIS to leave cross-border payments platform Project mBridge" (2024-10-31)

MarketWatch: "BlackRock's Larry Fink says bitcoin could reach $700,000 if this happens" (2025-01-22)

Investopedia: "What Happens to Bitcoin After All 21 Million Are Mined?" (2025-12-18)

Chapter 3

미국 우선주의 정치지형과
디지털 자산 규제 명확화

스테이블코인에 날개를 달다:
'지니어스 법안'

2025년 미국 암호화폐 정책의 가장 큰 이정표는 7월 18일에 트럼프 대통령이 서명하며 발효된 이른바 '지니어스 법안GENIUS Act, Guiding and Establishing National Innovation for U.S Stablecoins Act'으로 미국 역사상 첫 번째 포괄적 스테이블코인 규제법이다.

발행사는 반드시 연방 또는 주 정부의 인가를 받은 금융기관이어야 하며 준비금은 100% 현금 및 단기 미 국채와 같은 고유동성 자산으로만 구성해야 한다. 매월 준비금 내역을 공시하고 정기적인 외부감사를 받아야 하며 발행사 파산 시 스테이블코인 보유자가 다른 채권자보다 우선권을 갖도록 법적으로 보장한다.

이 법안은 그동안 규제의 사각지대에 놓여 있던 스테이블코인을 제도권 금융의 핵심 결제 수단으로 공식 인정하는 내용을 담고 있다. 지니어스 법안은 테더USDT와 서클USDC 등 주요 발행사들이 미국 연방준비제도Fed의 엄격한 자산 예치 기준을 준수하는 조건으로 '디지털 달러'로서의 지위를 부여받게 했다.

이 법안의 핵심은 스테이블코인 발행사들이 보유한 준비금의 100%를 미국 국채와 현금성 자산으로 유지하도록 강제한다. 스테이블코인 발행사는 주 정부 차원에서 규제를 허용한다. 스테이블코인이 단순한 암호화폐 거래용 수단을 넘어 실물 경제와 밀착되는 계기가 되었다.

지니어스 법안의 조건에 맞추기 위해 테더는 2026년 1월 17일 'USAT'를 새롭게 발행했다. 연방 정부의 인가를 받은 '앵커리지 디지털 뱅크Anchorage Digital Bank'를 통해 USAT를 공식 발행했다. 준비금 수탁은 캔터 피츠제럴드Cantor Pitzgerald로 정했다. CEO는 전 백악관 크립토 위원회 집행 이사였던 '보 하인스Bo Hines'를 임명하여 앞으로 있을 규제에도 적극적으로 대응하겠다는 의지를 보였다.

테더의 USAT 발행으로 '테더 이원화 전략'을 갖추게 되었다. 기존 USDT는 전 세계 개발도상국과 신흥국 시장에서 글로벌 유동성을 공급하는 역할을 하고 새롭게 발행한 USAT는 미국과 미국의 영향력 아래에 있는 국가와 기관의 결제와 송금을 담당하는 것이다. 미국의 규제 리스크를 USAT로 방어하면서 USDT의 입지는 그대로 유지하겠다는 전략이다. USAT의 발행으로 그동안 규제 준수는 USDC라는 시장의 선입견을 바꾸고 본격적으로 서클Circle의 USDC 도전에 대응을 할 수 있게 되었다. 미국 입장에서는 USAT 등장으로 미 국채를 매입해 줄 강력한 지원군이 등장한 것이다. 테더는 이미 세계 10대 미 국채 보유 기관 중 하나다.

비자Visa와 마스터카드Mastercard는 '지니어스 법안'의 가이드라인에 맞춰 스테이블코인 직접 결제망을 미국 전역으로 확대했다. 비자는 2025년 12월 18일 미국 내 USDC 정산settlement을 시작한다고 발표했다. 미국 내 비자 파트너사들은 서클이 발행한 USDC로 정산을 할 수 있다. 초기 참여 금융기관으로는 크로스리버 뱅크^{Cross River Bank}와 리드 뱅크^{Lead Bank}가 있으며 솔라나 블록체인을 통해 USDC 정산을 시작했다. 비자는 스테이블코인 정산 서비스를 2026년까지 미국 전역으로 확대할 계획이다. 마스터카드는 '마스터카드 멀티토큰 네트워크'와 '마스터카드 크립토 크리덴셜'과 같은 솔루션을 통해 스테이블코인이 안전하게 확장하는 데 필요한 컴플라이언스 네트워크를 구축했다. 이 솔루션을 통해 스테이블코인의 결제 정산을 관리하고 안정성을 강화하고 규제 준수를 보장하겠다고 발표했다. 이는 기존의 복잡한 은행 간 스위프트^{SWIFT} 망을 거치지 않고도 국경 없는 즉시 결제를 가능하도록 지원한다.

July 17, 2025

Stablecoins are taking center stage. Here's what comes next

By building the infrastructure, setting the standards and enabling the partnerships, we're defining the future of digital money.

마스터카드, 스테이블코인 지원

결과적으로 미국은 스테이블코인을 통해 달러의 유동성을 전 세계로 실시간 전송하는 강력한 무기를 얻었으며 이는 디지털 시대에 달러 패권을 더욱 공고히 하는 '미국 우선주의' 금융 전략의 핵심이 되었다. 발행사들이 매입하는 막대한 양의 미국 국채는 미 정부의 부채 조달에도 기여하며 정치와 금융의 절묘한 공생 관계를 형성했다.

지니어스 법안GENIUS Act: 스테이블코인 발행에 대한 규제 프레임워크를 확정하는 법안이지만 실제로는 미국의 달러 패권을 유지하기 위한 전략적인 법안으로 해석할 수 있다. 2025년 5월 공화당의 빌 해거티(Bill Hagerty) 상원의원과 민주당의 커스틴 질리브랜드(Kirsten Gillibrand) 상원의원이 초당적으로 발의했다. 파편화된 주 단위 규제를 통합하고 결제용 스테이블코인 시장을 양성하여 미국 국채에 대한 수요를 창출하는 것을 목표로 시작되었다.

2025년 6월 17일 찬성 68표, 반대 30표라는 압도적인 지지로 상원을 통과했고 7월 17일 '크립토 위크' 기간 중 찬성 308표, 반대 122표로 통과되었다. 7월 18일 트럼프 대통령이 서명하며 공식 법안으로 확정되었다. 법안 제정 18개월 후(2027년 1월 18일) 또는 연방 규제기관의 최종 세부 규칙 공표 120일 후 중 빠른 날짜에 효력이 발생한다.

결제용 스테이블코인은 고정된 통화 가치로 상환할 의무가 있고 결제와 정산 수단으로 설계된 디지털 자산으로 한정한다. 결제용 스테이블코인 발행사가 보유자에게 직접 이자나 수익을 지급하는 행위를 금지한다. 일정 규모 이상의 비금융 기술 기업은 발생사 자격을 얻을 수 없다.

1:1 준비금 의무로 발행한 스테이블코인 총액과 동일한 가치의 고유동성 자산을 보유해야 한다. 준비금 허용 자산은 미국 달러와 연준 지급준비금, 요구불예금, 만기 93일 이하의 미국 국채(T-Bills), 미 국채를 담보로 하는 오버나이트 역레포 등이다. 준비금은 재담보나 재사용을 금지했다. 발생사의 자산과 완전히 분리하여 신탁 계좌에 보관해야 한다. 발행사가 파산할 경우 스테이블코인 보유자는 다른 일반 채권자보다 준비금에 대해 최우선 상환권을 가진다.

지니어스 법안 통과와 함께 한국에서는 원화 기반 스테이블코인 발행에 대한 관심이 높아지고 달러 스테이블코인에 대응하기 위해 원화 스테이블코인 법안을 추진하기 위해 입법을 서두르는 계기가 되었다.

암호화폐 불확실성을 없앴다: '클래리티 법안'

암호화폐 시장의 오랜 숙제였던 코인의 '증권성 여부' 논란은 2025년 7월 통과된 '클래리티 법안'으로 마침표를 찍게 되었다. 클래리티 법안은 미국 증권거래위원회^{SEC}와 상품선물거래위원회^{CFTC} 간의 고질적인 관할권 분쟁을 종식하고 디지털 자산의 성격을 명확하게 구분하는 법적 기준을 제공한다. 2025년 7월 22일, 패트릭 맥헨리$^{Patrick\ McHenry}$ 전 하원 금융서비스 위원장은 "충분히 탈중앙화된 네트워크의 토큰은 상품^{Commodity}으로 간주한다"는 명확한 기준을 제시했다. 이 기준에 따라 비트코인, 이더리움, XRP, 솔라나, 라이트코인, 도지코인, 체인링크, 헤데라 등이 증권이 아닌 디지털 상품으로 정리가 되었다.

클래리티 법안의 통과는 알트코인 시장에 전례 없는 법적 확실성을 제공한다. 과거 리플^{Ripple}이나 솔라나^{Solana} 등이 수년간 겪어야 했던 '미등록 증권' 리스크가 단번에 해소되면서 보수적인 연기금과 보험사 등 기관 투자자들이 비트코인 외의 다양한 디지털 자산군에도 관심을 가지고 자본을 배분하기 시작했다. 클래리티 법안은 개발자들을 위한

'세이프 하버Safe Harbor' 조항을 포함하여 프로젝트 초기 단계에서 자금을 조달하더라도 일정 기간 내에 탈중앙화를 달성하면 증권 규제로부터 면제받을 수 있도록 규정했다.

이는 미국 내 암호화폐 기업들이 규제를 피해 해외로 나가는 '오프쇼어링Offshoring' 사태를 방지하고 미국의 기술 자본이 다시 크립토 시장으로 유입될 수 있도록 하는 기반이 될 것이다. 클래리티 법안을 통해 미국의 암호화폐 관련 규제는 암호화폐 산업에 대한 '통제'가 아니라 투자와 활용을 촉진하는 '성장 지원'의 든든한 지렛대 역할을 하게 될 것으로 기대된다.

클래리티 법안 상원 통과를 위해 최종 관문인 마크업Markup, 법안 수정 및 의결 단계에서 위원회별로 엇갈린 행보가 나타났다. 상원 은행위원회는 2026년 1월 15일 예정이었던 마크업 세션을 14일 전격 취소하고 무기한 연기했다. 상원 농업위원회는 1월 30일 마크업을 강행하여 찬성 12표, 반대 11표라는 1표 차로 법안을 통과시켰다. 이는 CFTC의 권한을 강화하려는 의지가 반영된 결과다.

은행위원회 마크업이 연기된 가장 직접적인 원인은 코인베이스 CEO인 브라이언 암스트롱의 지지 철회 때문이었다. 마크업 직전 수정된 법안 초안에 '스테이블코인 보상 금지'를 강화하는 독소 조항이 포함되었기 때문이다. 이미 지니어스 법안에서 발행사의 이자 지급을 금지했지만 클래리티 법안 마크업 과정에서 전통 은행권은 거래소의 리워드 프로그램활동 기반 보상까지 원천 봉쇄하기 위해 해당 조항을 추가했다. 거래소에서 스테이블코인 보유자들에게 보상을 지급하게 되면 은행 예금이 거래소로 이탈될 것을 경계한 것이다.

만약 클래리티 법안이 상원 은행위를 통과하면 농업위원회와 은행위원회 간 법안 조율을 거쳐 통합안이 상원 본회의에 올라간다. 법안이 상원 본회의를 통과하면 하원 클래리티 법안과 조정을 거치고 조정이 완료되면 대통령 서명으로 입법이 완료된다.

클래리티 법안 Digital Asset Market Clarity Act: 지니어스 법안이 스테이블코인이라는 결제 수단에 집중했다면 클래리티 법안은 비트코인을 포함한 디지털 자산 전체의 시장 구조와 규제 관할권을 명확하게 하는 훨씬 넓은 범위의 법안이다.

2025년 5월, 하원 금융서비스위원회 의장인 프렌치 힐(French Hill) 의원이 주도하여 발의했다. 7월 크립토 위크 기간 동안 하원에서 초당적인 지지를 얻으며 빠르게 통과되었다. 2025년 하반기 하원을 통과한 법안은 상원 은행위원회와 농업위원회로 이송되었다. 상원에서는 증권거래위원회(SEC)와 상품선물거래위원회(CFTC) 간의 권한 배분 문제를 두고 조율이 수개월간 지속되었다.

클래리티 법안의 핵심은 디지털 자산과 관련한 규제 불확실성을 종식시키는 것이다. 관할권을 명확하게 하기 위해 CFTC에서는 '디지털 상품' 현물 시장에 대한 독점적 관할권을 부여받는다. 비트코인, 이더리움 등이 여기에 해당한다. SEC는 '투자 계약 자산'에 대해서만 관할권을 유지한다. 증권 성격이 명확한 토큰만 SEC가 관리한다.

디지털 자산 거래소, 브로커, 딜러가 CFTC에 공식 등록하고 연방 차원의 감독을 받도록 프레임워크를 제공한다. 고객 자산의 분리 보관 의무화, 시장 조작 방지 규정, 토큰 발행사의 공시 의무 등이 포함된다.

트럼프 행정부의 암호화폐 친화 정책과 '크립토 허브' 비전

2025년 1월 20일 취임한 도널드 트럼프 대통령은 취임사에서 미국을 "지구의 암호화폐 수도Crypto Capital of the Planet"로 만들겠다고 선언하며 강력한 크립토 허브 비전을 제시했다. 트럼프 행정부는 출범 직후 대통령 직속 '국가 암호화폐 자문위원회'를 설치하고 가상자산에 우호적인 하워드 러트닉Howard Lutnick 캔터 피츠제럴드 회장을 상무장관으로 임명했다. 러트닉은 임명 직후 "미국 국채 시장의 현대화와 효율적인 유통을 위해 스테이블 코인과 비트코인을 국가 전략 자산으로 활용하겠다"는 파격적인 계획을 발표했다.

2024년 6월 마러라고Mar-a-Lago 미팅에서 클린스파크CleanSpark, 라이엇 플랫폼Riot Platforms 등 미국 주요 채굴업체 경영진과 만남에서 백악관 차원의 지지를 약속했다. 2024년 7월 '내슈빌 비트코인 2024 컨퍼런스'에서 "미국을 암호화폐 수도이자 비트코인 슈퍼파워로 만들겠다"고 선언하면서 채굴 산업을 위한 규제 철폐와 저렴한 에너지 공급을 공약했다. 2025년 1월 20일 백악관 취임 첫날 '국가 에너지 비상사태 선언'에서 데이터

센터와 채굴 시설을 유연한 전력 수요원'으로 규정하고 국가 기간 시설 안정화 전략에 포함시켰다. 2025년 7월 통과된 지니어스 법안에는 채굴 산업의 지위를 법적으로 뒷받침하고 있다. 미국 내 채굴 기업들은 단순한 암호화폐 업체가 아니라 '에너지 인프라 기업'으로 평가받고 있다.

트럼프는 "미국 정부가 보유한 비트코인을 100% 보유^{HODL}할 것이며 이를 '전략적 국가 비트코인 비축 물량$^{Strategic \ National \ Bitcoin \ Stockpile}$'의 핵심 으로 삼겠다"고 강조했다. 그동안 미국 정부가 수사 과정에서 몰수한 비트코인을 경매로 매각했던 관행을 중단하고 '디지털 금'처럼 국가가 장기 보유하겠다는 선언이었다.

비트코인 전략 비축 공약, 내슈빌 2024 비트코인 컨퍼런스

트럼프 대통령 취임 후 2025년 3월 6일 '비트코인 전략 비축 및 미국 디지털 자산 비축Establishment of the Strategic Bitcoin Reserve and United States Digital Asset Stockpile'에 관한 행정명령에 서명했다. 흥미로운 것은 이 행정명령과 함께 본인 SNS에 비트코인 외에도 이더리움, 솔라나, 리플, 에이다를 비축 대상에 포함시키는 것을 언급한 부분이다. 2025년 3월 7일에는 백악관 최초의 가상자산 정상회의를 열고 비트코인 비축을 통한 국가 부채 상환 전략을 구체화 했다.

트럼프의 비전은 단순히 금융 거래에 국한되지 않고 에너지와 인프라 영역으로 확장되었다. 2025년 3월 발표된 '디지털 경제 자유 구역' 정책에 따라 텍사스와 와이오밍 주는 법인세 면제와 저렴한 에너지 공급을 약속하며 전 세계 채굴 기업들에게 좋은 조건을 제시했다. 트럼프 정부는 비트코인 채굴을 "미국 에너지 자립과 전력망Grid 안정을 위한 핵심 산업"으로 규정했다.

그 결과 2025년 한 해 동안 미국 내 비트코인 해시레이트 점유율은 45%를 돌파하며 다른 국가들을 압도했다. 미국이 단순히 금융 투자 상품으로서의 비트코인을 점유하는 것을 넘어 비트코인 네트워크의 물리적 인프라와 디지털 자산 산업을 선점하겠다는 전략적 선택이다. 백악관이 주도하는 정기적인 '크립토 라운드테이블'에는 주요 거래소 대표들과 기술 혁신가들이 참여하며 정책 수립 단계부터 업계의 목소리가 반영되는 분위기를 만들어 가고 있다.

신시아 루미스 의원이 발의한 '비트코인 법안Bitcoin Act of 2025'의 내용은 미국 재무부가 5년에 걸쳐 총 100만 개의 비트코인을 직접 매입하여 최소 20년간 보유하도록 강제하는 법안이다. 총 100만 개의 비트코인은 비트코인 전체 발행량의 약 5% 해당한다. 사토시 보유 물량과 아주 초기 물량과 사라진 물량들을 고려하면 실질적으로 5%가 훨씬 넘는 물량을 보유하게 되는 것이다. 법안 통과는 다소 지연되는 상황이다.

트럼프 대통령 취임 후 미국의 암호화폐 관련 정책들을 보면 단편적인 정책들이 아니라 암호화폐를 디지털 자산으로 포괄적으로 이해하고 채굴 산업부터 금융 상품으로 명확하게 하는 것까지 꼼꼼한 정책을 체계적으로 펼쳐나가고 있다. 미국이 글로벌 디지털 자산의 중심으로 나가기 위해서 전략적으로 치밀하게 움직이는 정책과 실행안들을 잘 참고해야 하겠다. 자산의 리밸런싱에 디지털 자산을 포함해야 하는 배경이다.

미국 행정부의 암호화폐 규제 완화 기조

트럼프 행정부에서 암호화폐 관련 규제 완화의 핵심 시나리오는 '행정명령을 통한 즉각적 장애물 제거'와 '의회 입법을 통한 항구적 제도화'의 투트랙Two-track 전략이다. 트럼프 대통령은 취임 100일 이내에 가상자산 기업들에 대한 금융 서비스를 제한하던 '초크포인트 2.0 작전Operation Choke Point 2.0'을 공식 폐기하는 행정명령에 서명했다. 이 조치로 인해 JP모건, BNY 멜론과 같은 대형 은행들이 가상자산 수탁 업무에 본격적으로 뛰어들 수 있게 되었다.

1. 2025년 7월 4일 미국 독립기념일에 트럼프 대통령이 서명하며 발효된 '하나의 크고 아름다운 법One Big Beautiful Bill Act, OBBBA'은 미국 경제 역사상 가장 광범위한 세제 개편안 중 하나로 평가받는다. 2017년 도입되어 2025년 만료 예정이었던 '감세 및 일자리법TCJA'의 개인 소득세 인하 조항을 영구화했다. 최고 세율 37%를 포함한 낮아진 소득세율 구간을 영구적으로 유지하여 가계의 가처분 소득을 보전했다. 암호화폐 채굴 기업들은 ASIC 채굴기 및 데이터 센터 인프라 구축 비용을 즉시 비용으로 털어낼 수 있게 되었다. 이는 법인세 절감과 재투자 가속화로

이어질 수 있다. 미국 내 웹3 기업들은 R&D 즉시 비용 처리 혜택을 통해 세금 부담을 대폭 낮추게 되었다. 장기 양도소득세율$^{0\%, 15\%, 20\%}$이 단기 세율$^{최고 37\%}$의 약 절반 수준이라는 점과 특정 혁신 기업 주식^{QSBS}에 대한 비과세 혜택이 암호화폐 관련 자산으로 확장 해석될 수 있다. 2025년 9월 이후 세부 지침을 통해 장기 보유 투자자에 대한 우대가 강화되었다.

입법 시나리오 측면에서는 공화당이 상·하원을 모두 장악한 '레드 스윕$^{Red\ Sweep}$'의 정치적 지형이 강력한 추진력이 되고 있다. 암호화폐 관련한 법안의 처리가 레드 스윕 상태에서 빠르게 진행될 것으로 암호화폐 시장은 기대하고 있다. 클래리티 법안, 비트코인 국가 전략자산 비축 등 암호화폐 관련 법안이 2026년 상반기 중에 통과되지 않을 경우 2026년 11월 3일에 있을 중간 선거가 변수가 될 수 있다. 일단 2026년 하반기부터는 의원들이 재선 운동에 집중하기 때문에 입법 관련 활동은 위축될 수밖에 없다. 2026년 2분기가 암호화폐의 입법 골든 타임이 될 것이다.

규제 기관인 증권거래위원회^{SEC}와 상품선물위원회^{CFTC}도 상호 경쟁하고 견제하는 태도를 버리고 '공동 규제 프레임워크'를 구축했다. 미국의 암호화폐 산업 관련 전방위적 규제 완화는 미국 금융 시장을 전 세계 디지털 자본이 집결하는 거대한 블랙홀처럼 만들고 있다. 암호화폐 산업 종사자들이나 암호화폐 투자자들은 더 이상 규제 기관의 기습적인 소송을 두려워할 필요가 없게 되었으며 앞으로 클래리티 법안이 통과되면 더욱 다양한 암호화폐 프로젝트들, 관련 기업들, 관련 금융 상품들이 활기를 띨 것으로 예상된다.

초크포인트 2.0 작전: 바이든 행정부 시절 암호화폐 산업을 겨냥한 금융 규제 정책을 말한다. 은행들이 암호화폐 기업에 대한 서비스를 제한하도록 하고 암호화폐 산업의 성장을 억제하는 규제다. 바이든 행정부 시절 정부가 은행들에 압력을 행사해 암호화폐 관련 기업들과의 거래를 끊도록 은행 서비스를 차단했다는 의혹도 있다. 이 규제로 암호화폐 친화적인 은행들이 큰 타격을 받았고 암호화폐 산업의 혁신이 막혔다는 비판을 받는 규제였다.

트럼프는 이 규제의 종료를 발표하며 암호화폐 산업에 대한 불합리한 과잉 규제를 제거하겠다고 밝혔다. 이로써 암호화폐 기술과 산업이 전통 금융 시장과 연동하여 혁신적인 금융 서비스가 등장할 수 있는 기반이 마련되었다. 암호화폐 산업에 대한 대중들의 인식을 개선하고 신뢰를 확보하는데도 기여했다.

레드 스윕: 특징 정당이 행정부(대통령)와 입법부(상원과 하원)의 다수당 지위를 동시에 장악한 권력 구조를 표현하는 용어다. 미국 공화당이 레드(Red, 빨간색)로 이미지가 굳어진 것은 2000년 부시와 고어가 대선 후보였을 때 대선 개표 방송이 장기화되면서 뉴욕타임스(NYT)와 USA 투데이가 공화당은 빨간색으로 민주당은 파란색으로 고정하여 지도를 인쇄한 후로 대중적인 이미지로 굳어졌다.

폴리마켓(Polymarket) 등
예측 시장의 성장과 리스크 대비

2024년 대선 과정을 거치며 금융 시장의 새로운 문어로 떠오른 폴리마켓^{Polymarket}은 2025년과 2026년을 거치며 단순한 베팅 사이트를 넘어 '지능형 리스크 관리 플랫폼'이자 '집단 지성의 플랫폼'으로 진화했다. 쉐인 코플란$^{Shayne\ Coplan}$ 폴리마켓 CEO는 2025년 5월 블룸버그와의 인터뷰에서 "예측 시장의 데이터는 편향된 여론조사보다 정확하다. 자본은 거짓말을 하지 않기 때문이다"라고 강조했다.

2025년 초, 미 재무부의 비트코인 비축안 통과 여부를 두고 폴리마켓의 승인 확률이 80%를 돌파하자 비트코인 현물 가격은 공식 발표 72시간 전부터 선반영되어 15% 이상 급등했다. 투자자들은 이제 경제지표뿐만 아니라 폴리마켓의 실시간 확률 데이터를 포트폴리오 관리에 필수적으로 통합하고 있다.

폴리마켓은 정치적 불확실성을 수치화^{Quantify}함으로써 투자자들이 막연한 공포에서 벗어나 확률적 사고를 할 수 있도록 돕는다. 특정 규제 법안의 부결 확률이 높게 나타나면 투자자들은 이를 매수 신호로 받아들인다. 예측 시장은 이제 '집단 지성'이 만들어낸 가장 정교한 경제 예측 도구가 되었으며 전통적인 금융 분석가들조차 자신들의 보고서에 폴리마켓의 배당률을 주요 지표로 인용하기 시작했다. 연준의 금리 인상이나 인하와 관련해서도 패드와치와 함께 폴리마켓과 칼시^{Kalshi} 서비스의 확률도 함께 소개하는 상황이다.

폴리마켓은 2025년 8월 도널드 트럼프 대통령의 장남이자 1789 캐피털의 파트너인 트럼프 주니어를 자문위원으로 영입했다. 1789 캐피털로부터 전략적 투자를 유치한 직후에 이루어진 영입이라는 점에서 눈에 띈다. 트럼프 주니어는 폴리마켓의 예측 데이터가 기존 미디어의 왜곡과 소수의 전문가들의 의견을 넘어 집단 지성이 실제로 일어날 일에 대해 베팅함으로써 진실을 드러낸다고 의견을 밝혔다. 2025년 7월 CFTC 등록 파생상품 거래소인 QCEX를 1억 1,200만 달러^{약 1,560억 원}에 인수하며 합법적 지위를 확보했다.

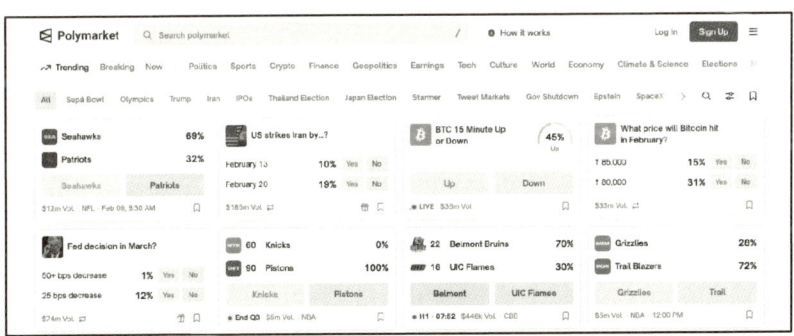

폴리마켓 첫 화면

예측 시장이란 정치, 경제, 사회적 사건의 발생 확률을 가격으로 환산해 베팅하는 서비스 시장이다. 참여자들의 자금 흐름을 통해 집단 지성 기반의 정보가 실시간으로 형성된다. 단순한 도박성 서비스가 아니라 실제 정치, 경제, 사회 흐름을 반영하는 정교한 확률 예측 서비스를 제공하는 정보 시장으로 봐야 한다. 2024년 미국 대선에서 폴리마켓과 칼시 등이 트럼프 대통령의 당선을 정확하게 예측하며 주목을 받았다.

예측 시장의 규모는 2026년 1월 월간 거래량이 170억 달러약 24조원를 돌파하며 폭발적으로 성장하고 있다. 2026년 2월 3일, 글로벌 가상자산 거래소 크립토닷컴은 미국 '슈퍼볼' 경기를 앞두고 예측 전용 플랫폼 'OG'를 공식 출시한다고 밝혔다. 폴리마켓은 다우존스와의 파트너십을 통해 월스트리트저널, 배런스Barron's, 인베스터스 비즈니스 데일리Investors Business Daily 등에 예측 데이터를 제공할 예정이다. 상장 기업의 실적 발표 일정 등 실적 예측에도 활용된다고 한다.

예측 시장(Polymarket)을 활용한 투자 전략

　개인 투자자들도 민감한 주제, 거시 경제 지표, 중요한 정책 결정과 관련하여 폴리마켓의 예측 베팅 확률을 투자 의사 결정에 참고할 수 있다. 예측 시장 서비스가 미래 불확실성에 대한 헷지 수단이 되고 거시 경제 지표를 읽는 '집단 지성'의 도구로 활용될 수 있나는 의미다.

　2026년 11월 중간선거를 앞둔 시점에서 폴리마켓을 활용한 투자 전략은 한층 더 고도화되었다. 기관 투자자들은 폴리마켓의 후보별 당선 확률과 비트코인 선물 가격 사이의 상관계수를 분석하여 정치 리스크를 헷지하려고 한다. 만약 암호화폐에 반대하는 후보의 당선 확률이 상승하면 시장은 즉각적으로 풋 옵션 매수를 통해 하락에 대비하고 암호화폐 친화적인 후보의 확률이 높은 때는 레버리지 포지션을 확대하는 식으로 투자에 활용한다.

　폴리마켓의 데이터는 투자 정보의 비대칭성을 해소하는 역할도 수행한다. 2025년 10월, 미 재무부의 스테이블코인 추가 규제 루머가 돌았을 때 폴리마켓의 '규제 시행 확률'이 20% 미만에 머무는 것을 확인한 영리한 투자자들은 공포 매도에 가담하지 않고 오히려 저점 매수의 기회로 삼았다. 2025년 9월 말, 미국 재무부는 지니어스 법안 시행을 위한 '사전 규칙제정 공보ANPRM'를 발표했고 의견 수렴 마감일이 10월 20일이었다. 이 과정에서 '비수탁형 지갑에 대한 강력한 KYC 의무화'와 '해외 발행 스테이블코인테더 등에 대한 미 국채 보유 금지' 같은 극단적인 루머가 시장에 돌았다.

코인베이스는 2026년 1월 28일, 예측 서비스를 제공하는 칼시와 협력하여 온체인 예측 시장을 구축하고 스포츠부터 정치까지 다양한 주제에 대한 결과를 예측하는 플랫폼을 미국 전역에 제공하기로 했다. 코인베이스는 2025년 12월 클리어링 컴퍼니The Clearing Company를 인수하며 예측 시장 확장을 위한 기반을 마련했다. 주식 거래, 토큰화 자산, 예측 시장까지 지원하는 '에브리씽 거래소' 전략을 추진 중이다.

예측 시장은 여론조사가 포착하지 못하는 미세한 정치적 기류를 집단 지성이 참여한 자본의 움직임이 반영된 확률로 먼저 보여준다. 이제 폴리마켓 데이터는 블룸버그 터미널의 실시간 뉴스만큼이나 중요한 투자 판단의 근거가 되었으며 정치적 변동성이 극심한 시대에 자산을 지키고 수익을 극대화하기 위한 필수적인 '투자 나침반'으로 자리를 잡아가고 있다.

투자자들은 이제 "뉴스를 읽고 폴리마켓으로 재확인하라"는 새로운 투자 전략을 채택할 시점이다. 아직도 트래픽을 유도하고 웹페이지 조회수에 따른 광고가 수익 모델인 미디어는 자극적인 제목의 기사와 내용으로 클릭을 유도하기에 혈안이 되어 있다. 기사 제목만 보고 낚이는 경우가 허다하다. 베팅 서비스라고 폄하하는 예측 시장 서비스는 자신의 자산을 걸고 확률을 선택한다. 미디어 기사 조회수보다 훨씬 더 냉정하게 정보를 거르고 판단한다. 디지털 자산 투자에 관심이 있는 투자자라면 예측 시장 데이터라는 새로운 디지털 투자 도구를 잘 활용해 보자.

시장 심리의 정량적 지표: 공포·탐욕 지수의 역발상 투자 활용

데이터 분석은 단순히 숫자의 흐름을 표현하는 것을 넘어 인간의 '집단적 감정'까지 정량화하는 단계에 이르렀다. 얼터너티브Alternative.me에서 제공하는 '공포·탐욕 지수Fear & Greed Index'는 변동성(25%), 거래량(25%), 소셜미디어 언급량(15%), 설문 조사(15%), 비트코인 도미넌스(10%), 구글 트렌드(10%) 등을 종합하여 0부터 100까지의 수치로 시장의 심리 상태를 나타낸다. 투자자에게 이 지수는 단순한 심리 파악 도구가 아닌 '역발상' 투자 전략의 도구로 활용될 수 있다.

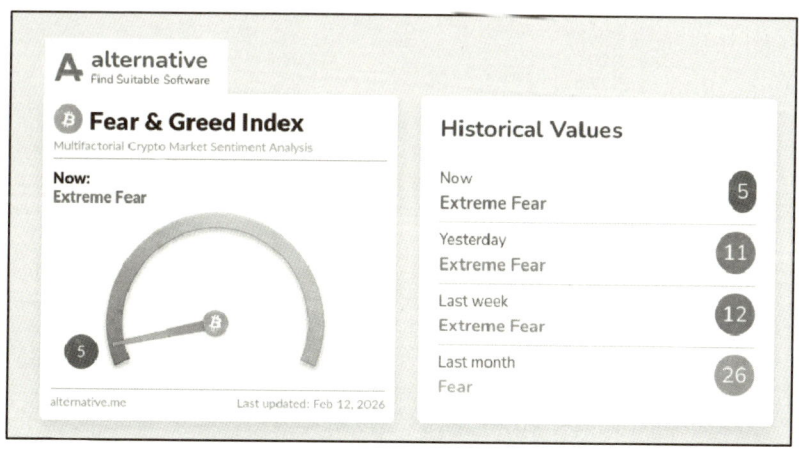

공포 탐욕 지수, 얼터너티브 사이트 캡쳐

역사적으로 지수가 10~20 사이의 '극심한 공포Extreme Fear' 구간에 진입 했을 때는 대중의 투매가 정점에 달한 지점으로 비트코인의 역사적 저점인 경우가 많았다. 반대로 85 이상의 '극심한 탐욕Extreme Greed' 구간은 단기 과열에 따른 강제 청산과 조정의 신호였다. 2025년 7월 5일, 마운트곡스 상환 우려로 지수가 15까지 하락했을 때 데이터를 활용한 역발상 투자자들은 이때를 효과적인 매수 타이밍으로 삼았다. 반대로 같은 해 12월 24일, 산타 랠리에 대한 맹목적 기대감으로 지수가 92를 기록했을 때 시장은 불과 이틀 만에 15%의 급격한 조정을 겪었다. 데이터를 활용한 투자 전략은 대중이 탐욕에 젖어 리스크를 망각할 때 냉정하게 비중을 조정하고 모두가 공포에 질려 시장을 떠날 때 분할 매수를 시작하는 타이밍을 잡을 수 있다.

데이터 분석을 통한 투자 방식이 개인 투자자에게 주는 가장 큰 장점은 인간의 본능인 '감정적 매매'로부터 한 걸음 물러서서 상황을 살펴보면서 투자 의사 결정을 할 수 있게 해 주는 것이다. 지지 않는 투자자가 되기 위해서는 탐욕에 눈이 멀어 고점에서 추격 매수하고 공포에 질려 바닥에서 '패닉셀'로 손절매하는 심리적 오작동을 최대한 피해야 한다. 공포·탐욕 지수를 자신의 매매 시스템Rule-based Trading에 접목하면 감정적, 파멸적 투자 패턴을 효과적으로 통제할 수 있다.

예를 들어 고려해 볼 수 있는 성공적인 투자 시나리오 중 하나는 지수가 20 이하일 때 가용 자금의 10%를 기계적으로 매수하고 지수가 85 이상일 때 보유 물량의 20%를 수익 실현하는 '정량적 역발상 전략'을 고려할 수 있다. 저점에서 분할 매수하고 고점에서 일부 수익 실현을 한다는 개념을 실제로 적용할 타이밍 잡기가 쉽지 않지만 공포·탐욕 지수를 분할 매수와 익절 타이밍에 접목해 볼 수 있다.

이 규칙을 철저히 준수한 투자자는 비트코인을 단순히 보유^{HODL}한 투자자보다 변동성 위험은 절반으로 줄이면서 수익률은 1.6배 높게 기록했다는 시뮬레이션 결과에 대한 언급도 있다. 차트나 데이터 분석을 투자 전략에 활용하는 것은 암호화폐처럼 변동성이 큰 자산에 투자할 때 평정심을 잃지 않고 장기 투자할 수 있도록 도와주는 신뢰할 수 있는 신호가 되어 준다.

글로벌 규제 표준화가 가져올
기관 투자자의 심리적 변화

미국의 디지털 자산 산업에 대한 명확한 규제 가이드라인은 전 세계적인 규제 표준화를 선도하는 효과를 보이고 있다. 2025년 11월, 남아프리카공화국 요하네스버그에서 열린 주요 20개국G20 정상회의에서는 미국의 '클래리티 법안'을 벤치마킹한 '글로벌 디지털 자산 규제 협약'이 채택되었다. 이 협약의 채택은 암호화폐 산업이 개별 국가의 규제를 따르는 시대에서 글로벌 표준의 시대로 전환되었음을 알리는 의미 있는 사건이었다.

협약에서는 클래리티 법안의 핵심인 '디지털 상품'과 '투자 계약 자산'의 구분법을 전 세계적으로 도입했다. 이제 어떤 코인이 상품이고 어떤 코인이 증권인지에 대한 국제적 기준이 통일되었다. 지니어스 법안의 기준을 수용하여 모든 글로벌 스테이블코인은 1:1 현금과 단기 국채로 준비금을 구성하고 매월 외부감사를 보고하도록 의무화했다. 특정 국가에서 발행된 디지털 자산이 다른 나라에서도 동일한 법적 지위를 인정받을 수 있도록 상호 인정 원칙을 수립하여 규제가 느슨한 국가로 자본이 탈출하는 규제 차익 현상을 원천적으로 차단했다. 이러한 국제적 표준화는 기관 투자자들에게 암호화폐 투자가 더 이상 평판에 대한 부담이나 규제 위반 리스크가 아니라는 안정감을 심어 준다.

과거 연기금, 대학 기금, 대형 보험사들은 비트코인의 높은 변동성보다 법적 모호함 때문에 시장 진입을 주저해 왔다. 그러나 미국이 제시한 표준 체계 내에서 암호화폐가 '적격 담보 자산'으로 인정받고 수탁^{Custody} 체계가 정리되자 이런 자금들이 비트코인을 투자 포트폴리오에 포함하는 사례가 서서히 많아지고 있다.

블랙록의 2025년 11월 조사에 따르면, 전 세계 100대 연기금 중 40% 이상이 비트코인을 직접 보유하거나 관련 ETF를 포트폴리오의 1~3% 비중으로 편입했다. 암호화폐 규제 수립을 통해 더 이상 암호화폐가 투자의 장벽이 아니라 안전하게 투자할 수 있는 투자 자산으로 편입된 것이다. 기관 투자자들의 심리적 장애물이 걷히면서 암호화폐 투자 시장은 '투기적 장세'에서 '구조적 성장 장세'로 확실하게 전환되고 있다.

규제 당국(SEC 등)의 기조 변화와 기관 자금의 유입 속도

2025년 트럼프 정부 출범과 함께 단행된 SEC 의장 교체는 암호화폐 산업에 대한 '규제의 시대 종말'을 알리는 상징적인 사건이다. 암호화폐 산업에 부정적이었던 게리 겐슬러Gary Gensler 전 SEC 의장의 후임으로 친암호화폐 성향의 신임 폴 앳킨스Paul S. Atkins 의장이 취임했다. 폴 앳킨스는 규제 완화와 시장 자율을 중시하는 대표적인 자유시장주의 경제학자이자 법률가이다. 2002년부터 2008년까지 SEC 위원을 역임했으며 당시에도 기업의 자율성을 강조했었다.

폴 앳킨스는 "가상자산은 혁신의 파트너이며 우리의 역할은 감시가 아니라 질서 있는 성장 지원"이라고 선언했다. SEC는 즉각적으로 이더리움 현물 ETF의 스테이킹 기능을 허용하고 솔라나Solana와 리플XRP 등 주요 자산의 ETF 승인 절차를 앞당겼다. 미국이 전 세계 디지털 금융의 중심지가 되어야 한다면서 기술의 발전을 규제 기관이 미리 판단하고 막아서는 안된다는 입장이다.

CNBC와 인터뷰하는 폴 앳킨스 SEC 의장, 출처: CNBC 유튜브 영상

미국 주식 시장에는 서클Circle, CRCL, 제미니Gemini, GEMI, 불리쉬Bullish, BLSH, 피겨Figure, FIGR와 같은 암호화폐 전문 기업들이 상장에 성공했다. 서클은 상장 당시 기업 가치를 약 70억 달러로 평가받았고 지니어스 법안 통과 후 USDC의 제도권 지배력이 강화되면서 가장 안정적인 흐름을 보이고 있다. 불리쉬는 원래 SPAC 합병을 추진했으나 철회 후 직상장했다. 2025년 4분기 실적 부진 발표 이후 다소 고전하고 있다. 제미니는 상장 당시 기업 가치 약 30억 달러로 평가받았으며 윙클보스 형제의 거래소로 큰 기대를 모았으나 상장 직후 '공포 매도'의 타깃이 되며 아쉬운 가격을 형성했다. 피겨는 상장 당시 기업 가치 약 76억 달러로 평가받았으며 블록체인 기반 대출과 자본 시장 플랫폼으로서 실질적인 이익을 기록하며 독자적인 경쟁력을 보이며 기관 투자자들의 많은 관심을 받고 있다. 암호화폐 관련 기업들의 2025년 상장으로 많은 기대가 있었으나 10월 후 4분기 이후로 암호화폐 시장이 횡보와 하락을 거듭하며 2026년 초반까지는 아쉬운 성과를 나타내고 있지만 계속해서 주목해 봐야 할 종목들이다.

규제 당국의 이러한 전향적인 태도 변화는 제도권 자금의 유입 속도를 기하급수적으로 높였다. 2025년 한 해 동안 미국 내 암호화폐 관련 ETF로 유입된 순자산은 1,200억 달러를 돌파하며 전통적 안전 자산인 금Gold ETF 유입액의 4배를 기록했다. 비트코인 ETF 12개 상품 전반에 걸쳐 비트코인 현물 ETF는 2025년 11월 기준으로 약 8,800억 달러의 거래량을 기록했으며 2024년 6,460억 달러에서 37% 증가한 수치다. 연간 순유입은 160억 달러에 달했다. 블랙록의 IBIT는 700억 달러의 총 운용자산AUM으로 전체 비트코인 현물 ETF 자산의 약 59%를 차지하며 우위를 유지했다. IBIT의 일일 거래량 비중은 2025년 하반기 기준으로 70~80% 정도다. 피델리티의 FBTC는 약 170억 달러, 그레이스케일의 GBTC는 약 155억 달러의 총 운용자산AUM을 기록했다. GBTC는 연 1.5%의 높은 운용 보수 때문에 자금 유출이 지속됐다. IBIT와 FBTC의 운용 보수는 0.25%다. 비트코인 ETF는 2025년에 160억 달러의 순유입을 끌어들였다.

기관 자산 배분자들이 점점 더 큰 비중을 차지하며 비트코인이 전통 투자 포트폴리오에 깊이 침투하고 있음을 보여주었다. 2025년 3분기 하버드 매니지먼트 컴퍼니는 블랙록 IBIT 보유량을 약 257% 늘려 ETF 보유액을 약 4억 4,280만 달러로 확대하며 IBIT를 하버드의 미국 상장 주식 중 가장 큰 공개 보유 종목으로 리밸런싱했다. AIMA와 PwC에 따르면 헤지펀드의 55%가 암호화폐에 투자하고 있다. 2024년 47%에서 증가했다. 평균 자산 배분 비중은 약 7% 수준이다. 이들 중 약 67%는 코인을 직접 보유하기보다는 ETF와 같은 파생상품이나 구조화 상품에 투자했다.

피델리티Fidelity와 찰스 슈왑Charles Schwab 같은 대형 증권사들이 일반 고객들에게 암호화폐 매매와 수탁 서비스를 통합 제공하기 시작하면서 일반 은퇴 계좌IRA 자금의 유입이 본격화되었다. 규제 당국이 '적'에서 '중재자'로 변모하자 제도권 금융사들은 경쟁적으로 관련 상품을 쏟아냈고 이는 비트코인을 비롯한 암호화폐의 가격을 지지하는 견고한 유동성 층을 형성했다.

정치적 불확실성 속에서 비트코인이 갖는 '정치적 중립성'의 가치

미국 우선주의 정치가 가속화되고 미-중 갈등을 비롯한 글로벌 지정학적 대립이 격화될수록 비트코인의 '정치적 중립성Political Neutrality'은 역설적으로 더욱 강력한 가치를 발휘할 것이다. 비트코인은 특정 국가의 중앙은행이 통제하거나 특정 정치 세력의 이해관계에 의해 발행량이 조절되지 않는 유일한 글로벌 자산이다.

2025년 말, 중동 지역의 분쟁으로 일부 국가들이 국제 결제망에서 배제될 위기에 처했을 때 비트코인은 국경과 정치적 장벽을 넘는 유일한 '중립적 결제 통로'로서 기능했다. 2025년 중반 이후 이란에 대한 금융 제재가 강화되자 이란 내 기업과 개인들이 글로벌 시장과의 거래를 위해 비트코인을 적극적으로 활용했다. 체이널리시스Chainalysis의 2025년 10월 보고서Crypto Adoption in MENA 2025에 따르면 이란의 크립토 거래량이 2024년 대비 11.8% 증가한 것으로 나타났다. 전통 금융망과 거래를 위한 중간 단계가 4.1단계까지 늘어나며 고립이 심화되었지만 비트코인을 통한 결제는 오히려 활발해졌다. 비트코인이 제재를 우회할 수 있는 '검열

저항성Censorship Resistance'을 가진 유일한 자산이자 통로임을 확인할 수 있는
사례다.

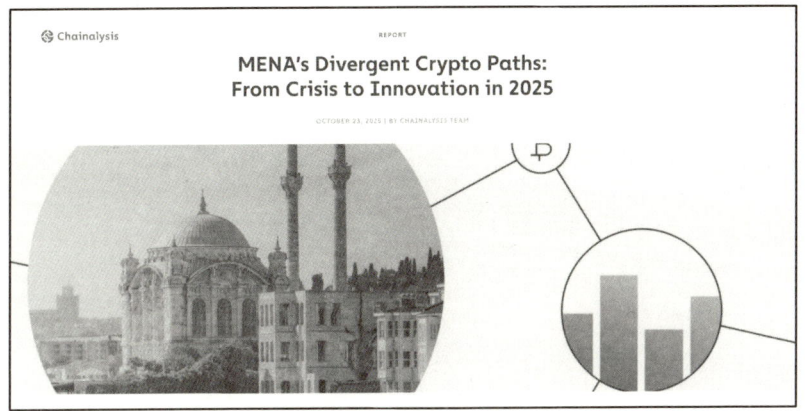

체이널리시스 보고서 표지

2025년 6월 이스라엘과 이란 사이에 군사 충돌이 발생했을 때 비트코인이 전통적인 위험 자산인 주식과 달리 빠르게 회복하며 결제 수단으로서의 탄력성을 보여주었다. 21Shares의 보고서Bitcoin is resilient despite the Middle East war는 비트코인이 지정학적 위기 속에서 단순한 투기 대상이 아닌 '비주권적 자산Non-sovereign asset'으로서 가치 저장과 결제의 기능을 동시에 수행했다고 분석했다. 2025년 10월 9일, 이스라엘 가자 지구의 1단계 휴전 협정이 체결된 후 구호 물품 공급을 위한 자금 결제 과정에서 비트코인과 스테이블코인이 활용되었다. 로이터와 알자지라 등은 당시 전통 은행 시스템이 파괴된 지역으로 인도주의적 지원금을 보낼 때 비트코인이 국경과 정치적 이해관계를 넘어 거래를 할 수 있는 유일한 희망의 통로가 되어 주었다고 전했다.

21Shares 보고서

　투자자들은 비트코인을 단순히 수익률이 높은 자산을 넘어 정치적 광풍과 지정학적 불확실성으로부터 개인의 자산을 지키는 '디지털 안전 금고'로 받아들일 수 있다. 미국의 암호화폐 산업의 규제 완화와 입법 활동들이 암호화폐 시장의 외형적 성장을 이끌어왔지만 비트코인의 근원적인 정치 중립성은 이런 외형적 성장의 보이지 않는 신뢰의 기반을 제공했다 것을 다시 한번 강조한다.

　자산의 리밸런싱에서 주목해야 할 중요한 의미는 정치적 힘에 의해 모든 것이 규제되는 세상에서 비정상적인 정치적 영향력으로부터 자유로운 유일한 자산을 선택할 수 있다는 점이다. 아무리 우량한 기업의 주식이라고 할지라도 기업 CEO나 임원의 비리, 공장이나 서비스의 예상치 못한 오류, 장애, 사고의 발생, 경쟁 회사의 급작스러운 등장 등 다양한 외부적, 내부적 위험 변수들이 있다. 단위 기업의 변수가 아닌 정치적 변수는 투자자들이 어떻게 고려할 수 있겠는가? 비트코인이 활성화되는 데는 정치, 제도적 지원이 어느 정도 역할을 할 수 있지만 비트코인을 강제로 중단시킬 수 있는 국가나 정부는 없다. "비트코인은 누구의 것도 아니기에 모두의 것이 될 수 있다"는 사실이 정치적 격동기 속에서 비트코인을 가장 강력한 자산으로 다시 한번 부각시켰다.

출처 (References)

1. 공공 및 제도권 기관

미국 백악관 (The White House): "Fact Sheet: President Donald J. Trump Signs GENIUS Act into Law", 2025-07-18.

미국 의회 (U.S. Congress): "S.394 – GENIUS Act of 2025", 2025-02-04(발의)

미국 의회 (U.S. Congress): "H.R.3633 – Digital Asset Market Clarity Act of 2025 (CLARITY Act)", 2025-05-29(발의)

미국 하원 금융서비스위원회 (House Financial Services Committee): "House Announces Week of July 14th as 'Crypto Week'", 2025-07-03.

미국 주 은행감독관협의회 (CSBS): "Digital Asset Regulation (GENIUS Act 관련)"

국회도서관/세계법제정보센터(해외법령 번역·원문 링크): "미국 스테이블코인 국가혁신법(GENIUS Act)", 2025-09-02 게시(제정일 2025-07-18 표기).

2. 기업 IR·공식 발표

비자(Visa): "Visa Launches Stablecoin Settlement in the United States", 2025-12-16.

마스터카드(Mastercard): "Mastercard unveils end-to-end capabilities to power stablecoin transactions—from wallets to checkouts", 2025-04-28.

마스터카드(Mastercard): "Bringing real utility and global scale to stablecoins", 2025-06-23.

테더(Tether): "Tether Announces the Launch of USA₮ (USA₮/USA₮T) ⋯ under the GENIUS Act framework", 2026-01-27.

3. 주요 뉴스 및 시장 분석

AP News: "Senate passes crypto regulations, sends to House without addressing Trump's investments", 2025-06-17.

Financial Times: "US Congress passes landmark bill to regulate stablecoins", 2025-07-17.

The Verge: "Senate passes GENIUS stablecoin bill in a win for the crypto industry", 2025-06-17.

Jones Day: "U.S. House Passes GENIUS and CLARITY Acts", 2025-07.

Chapter 4

비트코인 패권 전쟁:
국가적 전략 비축 자산

국가별 비트코인 보유 현황과 전략적 비축 자산(Strategic Reserve) 경쟁

트럼프 대통령 당선 후 비트코인은 단순한 가치 저장 수단을 넘어 국가의 경제 안보를 좌우하는 '전략적 비축 자산Strategic Reserve Asset'이 될 수 있다는 새로운 관점이 부상하고 있다. 비트코인을 국가의 전략 자산으로 비축하겠다는 국가별 경쟁의 도화선이 된 것은 2025년 미국 의회를 통과한 '2025 비트코인 전략 비축 법안BITCOIN Act of 2025'이다.

와이오밍 주 신시아 루미스Cynthia Lummis 상원의원이 주도한 이 법안은 미 재무부가 5년에 걸쳐 최대 100만 개의 비트코인을 매입하여 비트코인 전체 발행량의 약 5%를 국가 자산으로 보유하는 것이 핵심이다. 비트코인 비축을 통해 미국의 국가 부채를 장기적으로 해결하고 달러의 글로벌 기축 통화 위상을 유지하기 위한 고도의 교묘한 재정 전략으로 볼 수 있다.

미국의 이 같은 파격적인 계획은 전 세계적으로 '비트코인 군비 경쟁Bitcoin Arms Race'을 촉발했다. 2026년 초 기준으로 공식, 비공식 데이터를 포함한 국가별 보유 순위에서 미국은 약 33만 개정부 압수 물량 약 21만 개 포함를 보유하며 1위를 기록 중이다. 그 뒤를 이어 중국, 영국, 우크라이나 등 서구권 국가들이 과거 범죄 수사 과정에서 압수한 물량을 시장에 매각하던 관행을 중단하고 이를 '국가 자산'으로 분류하여 장기 보유로 전환했다.

주목할 만한 변화는 중동에서 나타났다. 2025년 12월 8일 '비트코인 MENA 컨퍼런스'에서 UAE 안보의장 모하메드 알 샴시는 비트코인을 미래 금융 시스템의 핵심 구성 요소로 전략적으로 수용하고 있는 UAE의 입장을 강조했다. "비트코인이 더 이상 단순한 '디지털 자산'이 아니며 현대 금융에서 '핵심 축'으로 인정받고 있다"고 강조했다. UAE의 비트코인에 대한 집중은 디지털 금융 허브로 자리매김하려는 포부를 반영하는 것이다. UAE는 대규모 채굴 운영을 지원한다. UAE는 국가 에너지 잉여분을 활용한 비트코인 채굴과 현물 매입을 동시에 진행하며 비트코인을 포스트 오일 시대의 핵심 자산으로 규정했다.

아부다비 투자위원회ADIC는 2025년 3분기에 비트코인 보유를 확대하며 블랙록의 IBIT 지분을 3배 이상 늘려 약 800만 주를 확보했고 금액으로는 약 5억 1,800만 달러에 달한다. ADIC가 비트코인은 자산 다각화 전략 가운데 금의 디지털 대안으로 보고 있는 장기적 관점을 반영했다. 비트코인 보유량은 과거의 금 보유량과 마찬가지로 한 국가가 외부의 경제 제재나 통화 위기 상황에서 얼마나 강력한 방어 능력을 갖췄는지를 상징하는 핵심 지표가 되어 가는 중이다.

아캄 인텔리전스Arkham Intelligence와 비트코인 트레저리 등의 자료를 종합한 공식, 비공식 국가 순위는 다음과 같다. 1위 미국약 32만 8개, 2위 중국약 19만개, 3위 영국약 6만 1천개, 4위 우크라이나약 4만 6천개, 5위 부탄약 1만 3천개,

6위 엘살바도르약 ^{7천5백개} 순이다. 독일 정부는 앞서 2024년 7월경 보유하고 있던 약 5만 개의 비트코인을 시장에 전량 매도했다. 참고로 스트래티지구, 마이크로 스트래티지가 보유한 비트코인 물량은 비트코인 트레저리 자료에 따르면 2026년 2월 기준으로 무려 71만 3,502개의 비트코인을 가지고 있다. 블랙록의 IBIT 비트코인 현물 ETF에는 77만 3,671개의 비트코인이 있다.

아캄 보고서, 국가별 비트코인 보유 온체인 현황

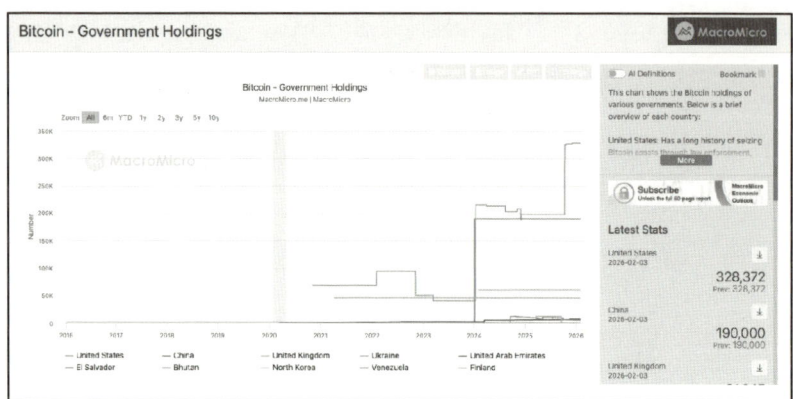

매크로마이크로, 국가별 비트코인 보유 현황

MENA^{메나}: '중동과 북아프리카' 지역을 통칭하는 용어다. Middle East and North Africa의 약자다. 이 지역은 지리적으로는 아시아와 아프리카 두 대륙에 걸쳐 있지만 종교는 주로 이슬람교, 언어는 주로 아랍어, 문화, 석유와 가스 같은 천연자원 등 많은 공통점을 공유하고 있어 하나의 권역으로 묶여서 메나(MENA)로 언급된다.

사우디아라비아, UAE, 이란, 이라크, 이집트, 모로코, 알제리, 튀니지 등의 국가가 포함된다. 20세기 후반 국제기구와 경제계에서 사용하면서 정착되었다. 기존의 중동(Middle East)이라는 용어에서 북아프리카를 더해 문화적, 경제적 동질성을 강조하는 'MENA'라는 용어가 비즈니스와 외교 분야에서 자리 잡았다.

미국과 중국의 채굴 패권과 디지털 화폐 주권 충돌 시나리오

비트코인 비축 경쟁의 이면에는 비트코인 네트워크의 연산력을 통제하려는 '채굴 패권Mining Hegemony' 전쟁도 흘러가고 있다. 2025년 한 해 동안 미국은 텍사스주와 와이오밍주를 중심으로 채굴 기업들에게 파격적인 세제 혜택과 저렴한 산업용 에너지를 제공했다. 이를 통해 글로벌 비트코인 해시레이트Hashrate 점유율을 48%까지 끌어올리는 성과를 거두었다. 비트코인 채굴 산업 지원에는 '미국 우선주의America First' 정책의 일환으로 비트코인 네트워크의 보안과 채굴 패권을 미국 영토 내에 두면서 지정학적 우위를 가지겠다는 전략적 의도가 숨겨져 있다.

중국은 2021년 채굴을 전면 금지하며 비트코인 채굴 시장 주도권을 상실했다. 중국은 2025년 하반기부터 홍콩을 암호화폐 전초기지로 활용하며 디지털 자산 전략을 수정했다. 중국인민은행PBOC은 '디지털 위안화e-CNY'의 국제화를 추진하는 동시에 국영 에너지 기업들을 통해 중앙아시아와 아프리카 지역의 채굴 단지에 막대한 자본을 투입하며 비트코인 해시레이트 재탈환에 나섰다.

중국은 에티오피아의 '그랜드 에티오피아 르네상스 댐GERD'에서 생산되는 저렴한 수력 발전 에너지를 비트코인 채굴에 활용할 수 있도록 에티오피아 국영 전력회사Ethiopian Electric Power, EEP와 국영 투자 지주회사 Ethiopian Investment Holdings와 파트너십을 맺고 데이터 센터를 구축했다. 에티오피아 정부와 전력 공급 계약을 맺은 21개 채굴 기업 중 19개가 중국 기업일 정도로 압도적인 비중을 차지하고 있다. 중국의 채굴 산업 해외 거점 전략과 함께 중국 내에서 암암리에 이루어지는 '지하 채굴'을 합치면 중국은 비트코인 해시레이트의 약 20% 정도를 점유하며 미국에 이어 세계 2~3위의 영향력을 회복한 것으로 알려졌다.

BITCOIN

Chinese Partnership to Bring Large-Scale Bitcoin Mining to Ethiopia

By Landon Manning   February 19, 2024

중국의 해외 채굴 산업 진출

미국은 비트코인을 '달러의 가치를 지탱하는 디지털 방어막'으로 삼으려 하고 중국은 비트코인 네트워크 내에서의 지배력을 확보하여 달러 중심의 국제 금융 결제망SWIFT을 우회하고 독자적인 디지털 무역 결제 체계를 구축하려는 시나리오를 가동하고 있다. 이 두 거대 경제권의 충돌은 가상자산 시장을 단순히 기술과 금융의 영역을 넘어 국가 간의 '통화 주권'과 '에너지 권력'이 맞붙는 첨예한 지정학적 전쟁터로 변화시키고 있다. 2026년 현재 비트코인은 디지털 자산과 디지털 금융 네트워크 선점을 위한 대리전 성격으로 앞으로 전 세계 자본의 대이동을 이끌어 갈 흐름의 중심에 서 있다.

스트래티지 등 기업들의 비트코인 재무 전략 도입

국가들이 비트코인 비축을 시작하기 전부터 먼저 그 길을 개척한 것은 스트래티지 이전 마이크로스트래티지, Strategy와 같은 선구적인 기업들이다. 스트래티지의 의장 마이클 세일러Michael Saylor는 2024년 말 발표한 '21-21 플랜'을 2025년 한 해 동안 성실하게 실행했다. '21-21 플랜온' 3년간 210억 달러 규모의 유상증자와 210억 달러 규모의 고정 금리 채권 발행을 통해 총 420억 달러약 58조원를 비트코인 매입에 투입하는 거대 프로젝트였다. 스트래티지는 2020년 중반 이후 이미 444,262 BTC를 매수했다.

마이클 세일러 회장은 스트래티지가 비트코인을 매수할 때면 항상 X에 미리 매수를 암시하고 바로 매수를 한 후에 매수 결과를 올리는 것으로 유명하다. 2020년 8월, 아직 마이크로스트래티지로 회사명을 가지고 있을 때 비트코인을 매수하여 보유함으로써 기업의 가치를 높이는 전략을 시작했다. 스트래티지는 2026년 2월 6일 기준으로 713,502개의 비트코인을 보유하고 있다.

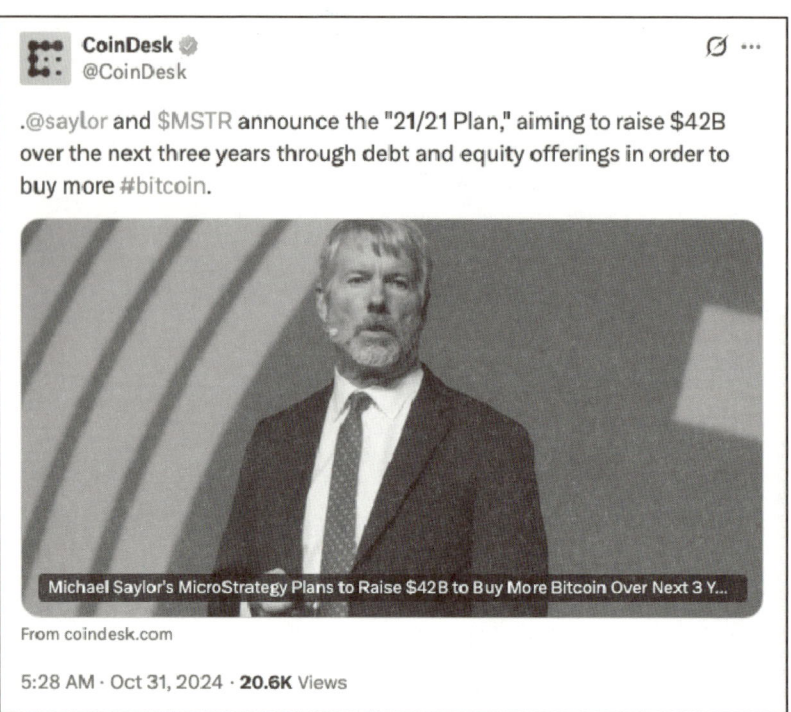

스트래티지 21-21 Plan

비트코인 매수를 공개적으로 밝히면서 다른 기업들도 비트코인 매수 전략을 채택하도록 끊임없이 동기부여를 해왔다. 비트코인 재무 전략은 기업들 사이에서 법정화폐의 구매력 하락을 방어하는 가장 효율적인 수단으로 인정받으며 여타 상장사들로 빠르게 확산되었다. 이후 일본의 메타플래닛도 동일하게 비트코인 매수를 기업의 재무 전략으로 채택하며 주목을 받았다. 이러한 전략을 채택하는 기업을 DAT^{Digital Asset Treasury} 기업이라고 부르는 용어가 등장했다.

일본의 메타플래닛^{Metaplanet}과 미국의 셈러 사이언티픽^{Semler Scientific}도 비트코인 재무 기업으로 전환하여 주가 폭등과 기업 가치 재평가를 이끌어 낸 대표적인 사례다. 기업들도 이제 비트코인을 단순히 투자 자산이 아닌 투자 자산 리밸런싱의 핵심 도구이자 인플레이션을 방어하는 효과적인 투자 자산으로 활용하고 있다. 이는 재무제표상의 현금 보유 비중을 줄이고 디지털 자산을 늘리는 기업 재무 전략의 리밸런싱으로 이어지고 있다.

비트코인 도입 국가들의 경제적 자립도 변화 분석

비트코인을 국가 차원에서 도입한 국가들에서는 가시적인 경제적 변화가 나타나고 있다. 특히 외화 보유고 부족과 고물가로 인해 만성적인 경제 위기를 겪던 개발도상국들이 비트코인을 통해 IMF^{국제통화기금}나 세계은행의 엄격한 긴축 조건에서 벗어나기 시작했다.

에티오피아는 2025년 정부 주도의 대규모 수력 발전과 연계한 비트코인 채굴 단지를 가동하며 2025년 상반기에만 비트코인 채굴로 약 2억 달러 이상의 수익을 올린 것으로 보고 되었다. 이 수익은 에티오피아의 고질적인 외화 부족 문제를 해결하는데 사용되고 있다. 이 사례는 전통 금융 시스템 외부에서 생성된 부가 국가의 재정 건전성을 회복시킨 대표적인 사례다.

에티오피아 사례

히말라야의 은둔 왕국 부탄Bhutan의 비트코인 전략은 2019년부터 시작되었다. 국부펀드인 '드룩 홀딩 앤 인베스트먼트DHI'를 통해 수력발전 에너지로 비밀리에 비트코인을 채굴해 왔다. 이 사실은 블록체인 분석 업체인 '아캄 인텔리전스'에 의해 밝혀지면서 전 세계적인 주목을 받았다. 부탄은 국가가 보유한 비트코인의 가치만으로 새로운 '디지털 경제 강소국'으로 부상했다. 부탄은 풍부한 수력 에너지를 활용한 친환경 채굴을 통해 국가의 주 수입원을 다각화한 대표적인 사례다.

이들 국가는 비트코인을 매개로 하여 서구 금융 시스템에 의존하지 않고도 전 세계 투자 자본과 직접 연결되는 '경제적 자립Financial Sovereignty'을 실현하고 있다. 비트코인이 약소국들에게 금융 주권을 되찾아주고 선진국과의 정보와 자본 격차를 줄이는 경제 도구로 작용하고 있음을 보여준다. 2026년 초 현재, 아프리카의 케냐와 남미의 아르헨티나 등 여러 국가가 이들의 성공 모델을 참고하여 '국가 가상자산 관리국'을 설립하는 등 비트코인을 국가 차원의 정책으로 도입하기 위한 전환을 서두르고 있다.

엘살바도르 비트코인과 Ai에
올인하는 전략 수립

    국가 단위 비트코인 도입의 선구자인 엘살바도르와 나이브 부켈레
^{Nayib Bukele} 대통령은 2025년에 이르러 비트코인 투자의 거대한 결실을
거두었다. 엘살바도르는 2021년 9월 미국 달러와 함께 비트코인을
법정화폐로 채택한 세계 최초의 국가가 되었다. 엘살바도르 정부는
2025년 한 해 동안 비트코인 보유량이 25% 증가했다고 밝혔다. 2025년
말 기준으로 7,517개의 비트코인을 보유하게 되었다고 비트코인청^{Bitcoin}
^{Office}의 공식 자료에서 밝혔다. 국가 비트코인 보유량의 가치는 2025년 말
6억 5,802만 달러로 늘어났다.

    이런 성과는 단순히 가격 상승에 따른 차익에 그치지 않고 비트코인
채굴 수익, 비트코인 보유 희망자를 대상으로 한 '자유 비자^{Freedom Visa}'
판매 수익과 비트코인 결제 수수료 등을 포함한 다각화된 '국가적 수익
모델'의 성과였다. 엘살바도르가 추진한 '볼케이노 본드^{Volcano Bonds}'는
2025년 초 발행에 성공하며 글로벌 금융 시장에 신선한 충격을 주었다.
화산 지열 에너지를 이용한 채굴 인프라 구축과 그 수익을 기반으로 발행된 이 채권은 국가의 전통적 신용 등급과는 무관하게 비트코인의 미래 가치를 믿는 전 세계 개인과 기관 투자자들로부터 자금을 조달하는 데 성공했다.

부켈레 대통령은 2026년 신년사에서 엘살바도르는 더 이상 달러 구걸을 하지 않으며 스스로 부를 창출하는 디지털 영토로 거듭났다고 선언하며 경제적 성과를 자축했다. 엘살바도르 정부는 2026년 국가 전략의 핵심을 "Bitcoin & AI: All In"으로 정했다. 비트코인은 단순한 법정화폐를 넘어 국가의 전략적 비축 자산과 금융 인프라로 격상했다. 엘살바도르에서 비트코인은 통화 주권의 상징이자 투자자와 기업에 대한 친혁신 신호 역할을 한다.

엘살바도르가 보여준 성장 모델은 부채에 시달리는 많은 국가에게 새로운 탈출 전략을 제시하고 있다. 국가가 특정 자본 시장이나 신용 평가 기관의 통제에서 벗어나 기술력과 천연자원을 바탕으로 독자적인 금융 상품을 창출할 수 있음을 입증한 최초의 사례로 기록되었다.

상장사들의 비트코인 보유 전략이 주가에 미치는 영향

상장 기업이 비트코인을 보유하는 재무 전략은 주식 시장에서 '세일러 프리미엄Saylor Premium' 혹은 'MSTR 멀티플라이어'라는 표현이 나올 정도로 새로운 기업 가치 평가의 기준을 제시했다. 2025년 3분기까지 비트코인을 대량 보유한 상장사들의 주가 상승률은 비트코인 현물 가격의 상승률을 상회하는 현상이 지속적으로 관찰되었다. 이는 투자자들이 주식 매수를 통해 비트코인에 대한 '레버리지 노출'과 '제도권 내 안전성'을 동시에 확보하려 했기 때문이다. 2025년 3분기 이후 비트코인 가격이 조정을 받으면서 비판에 대한 목소리도 나오고 있지만 스트래티지의 비트코인 매수 전략은 많은 기업들이 벤치마킹하는 재무 전략으로 자리를 잡은 것이 사실이다.

2024년 하반기부터 현재까지 DAT(Digital Asset Treasury) 전략을 채택하는 기업들이 빠르게 증가했다. DAT 기업 데이터와 관련해서는 '비트코인트레저리' 사이트에서 확인할 수 있다. 2024년 초에는 스트래티지, 테슬라, 블록 등과 일부 채굴 전문 기업 등 약 40~50개의 DAT 기업이 있었다. 2026년 초를 기준으로 비트코인트레저리 사이트에 이미 200개 이상의 DAT 기업이 있다.

DAT 기업들 현황, 비트코인트레저리 사이트 캡쳐

이제 주식 시장은 기업의 영업 이익뿐만 아니라 그 기업이 현금 흐름을 어떤 자산으로 보유하고 있는지Treasury Strategy를 주가 산정의 핵심 요소 중 하나로 고려하기 시작했다. 비트코인을 보유한 기업의 주식은 단순한 사업체의 소유권이 아니라 '비트코인을 기반으로 한 금융 상품 Bitcoin-backed Equity'을 보유한 것으로 인식되고 있다. 상장사들의 비트코인 보유 공시는 해당 기업의 혁신성과 미래 생존 능력을 판단하는 강력한 신호로 작용하며 투자자들의 인식 개선과 자본 시장의 지형도를 바꾸어 놓는 역할까지 했다. 비트코인과 이더리움 보유를 재무 전략으로 채택 했다는 뉴스만으로도 기업 가치가 올라가는 현상도 생겨났다.

DAT 기업에 대해서는 비트코인 가격이 상승하면서 많은 기업들이 참여하며 과열된 모습까지 보였으나 비트코인 가격 하락과 함께 다시 한번 재검토를 받는 시점에 와 있다. DAT 전략을 표방하는 대표적인 기업들의 사업 현황과 전략은 뒤에서 좀 더 자세하게 다루어 보겠다.

글로벌 패권 다툼 속에서 개인 투자자가
선점해야 할 포지션

국가와 거대 기업이 비트코인을 무차별적으로 쓸어 담는 '디지털 자산 패권 전쟁'을 벌이는 시대에 개인 투자자가 참고할 만한 전략과 포지션은 무엇일까? 그것은 바로 '국가와 기관보다 반걸음 앞서 선점하는 것'이다. 2024년 비트코인 현물 ETF 출시부터 자산의 리밸런싱 전환점을 맞은 비트코인이 대중적 투기 자산의 단계를 넘어 국가적 전략 자산으로 편입되는 거대한 문이 열리고 있다.

미국과 같은 강대국들이 100만 개 단위의 비축을 완료하여 시장의 유동성을 완전히 흡수하기 전에 개인 투자자들은 자신의 투자 포트폴리오에 '비트코인 보유'를 반드시 포함해야 할 것이다. 거대한 자산의 리밸런싱이 시작되고 있는 지금은 비트코인을 얼마나 가지고 있느냐도 중요하지만 비트코인 자체를 가지고 있느냐 없느냐가 가장 큰 차이가 될 것이다. 조금이라도 비트코인 투자를 시작한 투자자들은 거대한 시대의 흐름을 더 직접적으로 느낄 수 있을 것이기 때문이다. 비트코인을 일방적으로 신앙처럼 찬양할 필요도 없고 근거도 없이 위험하다고 치부하며 무시하는 태도도 적절하지 않다. 새로운 투자의 세계를 맛보기부터 시작하면 된다.

단순히 비트코인 현물만을 보유하는 방법도 있고 또 한편으로 비트코인 생태계의 인프라를 지탱하는 기술주채굴 기업, 레이어 2 솔루션, 디지털 수탁 서비스 등에 대한 선택적 투자도 검토할 수 있다. 디지털 자산 패권 전쟁이 심화될수록 네트워크 보안과 확장성을 지원하는 기술적 인프라의 가치는 더 빠른 속도로 상승할 수 있기 때문이다.

가장 중요한 최후의 방어 수단은 '자기 수탁Self-custody'의 강화다. 국가 간 갈등이 격화되고 자본 통제가 강화될 가능성이 있는 불안정한 정치적 환경에서 누구의 간섭이나 승인 없이도 온전히 개인이 통제하고 이동시킬 수 있는 자산을 보유하는 것 자체가 가장 강력한 투자 전략이자 생존 전략이 될 것이다. 신뢰할 만한 거래소에 비트코인을 남겨둘 수도 있지만 적절하게 개인 콜드월렛에 비트코인을 직접 저장하고 보관하는 단계까지 관심을 가질 필요가 있다. 결국 자산의 리밸런싱 끝에는 정부로부터 '통제되는 자산'에서 '자유로운 자산'으로의 이동이며 모든 개인이 이 흐름의 선두에 설 수 있다면 디지털 자산 패권 전쟁의 소용돌이 속에서도 각자의 부를 지켜낼 수 있을 것이다.

출처 (References)

1. 공공 및 제도권 기관

미국 의회 (U.S. Congress): "S.954 - BITCOIN Act of 2025", 신시아 루미스 상원의원 발의, 5년간 100만 비트코인 매입 및 전략 비축 법안.

백악관 (The White House): "Establishment of the Strategic Bitcoin Reserve and United States Digital Asset Stockpile", 트럼프 대통령 행정명령, 2025.03.06.

백악관 (The White House): "Fact Sheet: President Donald J. Trump Establishes the Strategic Bitcoin Reserve and U.S. Digital Asset Stockpile", 2025.03.07.

2. 주요 뉴스 및 시장 분석

비트코인 매거진 (Bitcoin Magazine): "UAE Official Hails Bitcoin As Key Pillar In Future Finance", UAE 국가안보 모하메드 알 샴시 발언, 비트코인 MENA 2025 컨퍼런스, 2025.12.08.

코인데스크 (CoinDesk): "Abu Dhabi Sovereign Wealth Fund Tripled BTC Bet Before Market Drawdown", ADIC의 IBIT 보유량 3배 증가 보도, 2025.11.20.

블룸버그 (Bloomberg): "El Salvador's Bukele Boosts Country's Bitcoin Holdings by $100 Million", 2025.11.18.

코인데스크 (CoinDesk): "Strategy (MSTR) Acquired 10,645 Bitcoin Last Week", 스트래티지 비트코인 매수 보도, 2025.12.15.

코인데스크 (CoinDesk): "Strategy adds 22,305 BTC, bringing holdings to 709,715 coins", 2026.01.20.

코인데스크 (CoinDesk): "How Ethiopia's Low Energy Costs Allow BIT Mining to Recycle its Bitcoin Machines", 에티오피아 비트코인 채굴 분석, 2025.01.07.

더 리포터 에티오피아 (The Reporter Ethiopia): "EEP To Phase Out Crypto Mining As Grid Strain Concerns Mount", 에티오피아 채굴 정책 보도, 2025.08.09.

코인텔레그래프 (Cointelegraph): "How Bhutan Is Using Hydropower to Build a Green Bitcoin Economy", 부탄 비트코인 채굴 전략 분석, 2025.12.23.

브루킹스 연구소 (Brookings Institution): "Gambling to develop: A small, landlocked economy takes the plunge", 부탄 비트코인 전략 분석, 2026.02.

블룸버그 (Bloomberg): "Japan Bitcoin Proxy Seeks $880 Million From Overseas Shares", 메타플래닛 자금 조달 보도, 2025.08.27.

더 블록 (The Block): "Japanese bitcoin treasury firm Metaplanet raises $1.4 billion in international offering", 메타플래닛 증자 보도, 2025.11.04.

Latham & Watkins LLP: "President Trump Issues Executive Order Establishing a Strategic Bitcoin Reserve", 법률 분석, 2025.03.25.

Proskauer Rose LLP: "Crypto in the Capitol: States Take the Lead on Strategic Bitcoin Reserves", 주별 비트코인 비축 법안 분석, 2025.07.23.

아캄 인텔리전스 (Arkham Intelligence): "Who Owns the Most Bitcoin in 2026", 국가 및 기관 비트코인 보유 분석.

비트코인트레저리 (BitcoinTreasuries.net): "Strategy – Bitcoin Treasury Holdings & Analysis", 스트레디지 보유량 분석.

비트코인트레저리 (BitcoinTreasuries.net): "Metaplanet Inc. – Bitcoin Treasury Holdings & Analysis", 메타플래닛 보유량 분석.

비트코인트레저리 (BitcoinTreasuries.net): "El Salvador – Bitcoin Holdings & Analysis", 엘살바도르 보유량 분석.

비트코인트레저리 (BitcoinTreasuries.net): "Bhutan – Bitcoin Holdings & Analysis", 부탄 보유량 분석.

비주얼 캐피탈리스트 (Visual Capitalist): "Which Governments Hold the Most Bitcoin in 2025?", 국가별 비트코인 보유 순위, 2025.08.27.

CCN: "Top Government Bitcoin Holders: U.S. Government Holds Over 326k BTC", 국가별 비트코인 보유 현황, 2025.10.15.

해시레이트 인덱스 (Hashrate Index): "Top 10 Bitcoin Mining Countries of 2026", 국가별 비트코인 채굴 순위, 2026.01.

블랙록 (BlackRock): "iShares Bitcoin Trust ETF (IBIT)", 공식 ETF 페이지.

3. 기업 IR 및 공식 발표

스트래티지 (Strategy, 구 MicroStrategy): "Bitcoin Purchases", 공식 비트코인 매수 데이터.

Chapter 5.

기관 투자의 시대:
ETF를 넘어 401k까지

비트코인 현물 ETF의 등장: 비트코인 투자의 새로운 시작

2024년 1월 11일 미국 증권거래위원회SEC가 비트코인 현물 ETF를 승인한 사건은 가상자산이 '그림자 금융'에서 '제도권 핵심 자산'으로 편입된 역사적 전환점이다. 블랙록의 IBIT iShares Bitcoin Trust와 피델리티의 FBTC Fidelity Wise Origin Bitcoin Fund를 포함한 11개의 비트코인 현물 ETF는 단순한 투자 상품의 확장을 넘어 전 세계 비트코인 유동성의 핵심 거점이자 가격 변동의 주도권을 쥔 핵심으로 자리를 잡았다. 미국 비트코인 현물 ETF는 출시 2년도 되지 않아 금Gold ETF가 20년에 걸쳐 쌓아 올린 자산의 상당 부분을 따라잡았다. 가상자산 투자의 새로운 문이 열린 것으로 이해할 수 있다.

2025년 말 기준, 미국 상장 비트코인 현물 ETF의 총 운용자산AUM은 1,200억 달러약 165조원를 돌파하며 약 2,300억~2,500억 달러 규모였던 금 ETF 시장의 절반 수준으로 빠르게 추격하고 있다. 2025년 6월 기준으로 비트코인 현물 ETF는 124만 BTC 이상을 보유하면서 전체 비트코인 유통량의 약 6%에 해당하는 규모를 차지했다. 비트코인 현물 ETF의

누적 금액이 비트코인 전체 유통량의 약 6% 규모라는 사실은 매우 큰 의미를 가진다. 일단 ETF 금액이 줄어들지 않는다면 해당 금액만큼의 비트코인은 시중에 유통되지 않는 장기 보유 물량으로 전환되었다는 점이다. 6%가 전체 유통량의 6%인데 비트코인 아주 초기 물량, 사토시 물량, 보유자가 사라진 물량, 잃어버린 물량 등을 제외한다면 실제 유효한 유통량에서는 훨씬 더 큰 규모가 ETF에 묶여 있다고 재해석할 수 있다.

과거 개인 투자자들 중심으로 주도하던 변동성이 큰 시장에서 기관의 거대 자본을 수용하며 변동폭을 줄인 안정적인 시장으로 전환되고 있음을 확인할 수 있다. 드래곤플라이^{Dragonfly}의 데이터 분석가 힐데베르트 물리에^{Hildebert Moulie}는 ETF 투자자들은 단기 투기적 성향이 아니라 장기 배분 성격의 투자자들이라고 분석했다.

기관들의 투자금이 투입되면서 2025년부터 전반적으로 비트코인이 새롭게 채굴되어 공급되는 공급량보다 비드고인 현물 ETF에서 매수하는 물량이 공급량의 2배 이상이 된다는 예상도 있다. 비트와이즈 자산운용사의 '2026년 암호화폐 10대 전망 보고서'에 따르면 ETF에서 신규 공급량의 100% 이상을 매수할 것으로 전망했다. 비트코인 ETF 수요는 신규 공급량의 2배, 이더리움 ETF 수요는 신규 공급량의 2.6배, 솔라나 ETF 수요는 신규 공급량의 1.5배를 예상했다.

ETF 수요 예상, 비트와이즈 '2026 암호화폐 10대 전망 보고서'

앞으로도 비트코인 유동성 전망은 그 어느 때보다 낙관적이다. 유럽, 홍콩, 호주에 이어 중동의 금융 허브인 아부다비와 리야드에서도 현물 ETF가 활성화됨에 따라 단기적인 비트코인 가격 조정 구간이 끝나면 글로벌 자본 시장에서 매우 큰 규모의 투자 자금이 추가로 순유입될 것으로 보여 기대가 크다.

ETF 일일 자금 흐름 데이터를 읽는 법과 가격 예측 활용

　　기관화된 시장에서 개인 투자자가 생존하기 위해 반드시 확인해야 할 지표는 'ETF 일일 순유입Net Inflow 데이터'다. 파사이드 인베스터스Farside Investors나 더블록 사이트에서 실시간으로 집계하는 이 수치는 기관 투자자들의 '집단적 합의'가 비트코인 투자에 어떤 방향성을 가지고 있는지 가장 투명하게 보여주는 핵심 지표다. 우선적으로 순유입이냐 순유출이냐를 살피고 그다음은 유입량과 유출량을 확인하고 이어서 유출입의 '지속성'을 살펴야 한다.

	BlackRock IBIT	Fidelity FBTC	Bitwise BITB	ARK ARKB	Invesco BTCO	Franklin EZBC	VALKYRIE BRRR	VanEck HODL	WisdomTree BTCW	Grayscale GBTC	Grayscale BTC	Total
Fee	0.25%	0.25%	0.20%	0.21%	0.25%	0.19%	0.25%	0.20%	0.25%	1.50%	0.15%	
20 Jan 2026	(56.9)	(152.1)	(40.4)	(46.4)	0.0	(10.4)	0.0	(12.7)	0.0	(160.8)	0.0	(479.7)
21 Jan 2026	(356.6)	(287.7)	(25.9)	(29.8)	0.0	0.0	(3.8)	6.4	0.0	(11.3)	0.0	(708.7)
22 Jan 2026	(22.4)	(9.8)	0.0	0.0	0.0	0.0	0.0	0.0	0.0	0.0	0.0	(32.2)
23 Jan 2026	(101.6)	(1.9)	0.0	0.0	0.0	0.0	0.0	0.0	0.0	0.0	0.0	(103.5)
26 Jan 2026	15.9	(5.7)	(11.0)	(2.9)	0.0	0.0	0.0	0.0	2.8	0.0	7.7	6.8
27 Jan 2026	(102.8)	(44.6)	0.0	0.0	0.0	0.0	0.0	0.0	0.0	0.0	0.0	(147.4)
28 Jan 2026	(14.2)	19.5	(12.6)	(12.3)	0.0	0.0	0.0	0.0	0.0	0.0	0.0	(19.6)
29 Jan 2026	(317.8)	(168.0)	(88.9)	(71.6)	(8.4)	0.0	0.0	(6.5)	0.0	(119.4)	(37.2)	(817.8)
30 Jan 2026	(528.3)	7.3	0.0	8.3	0.0	0.0	0.0	3.0	0.0	0.0	0.0	(509.7)
02 Feb 2026	142.0	153.3	96.5	65.1	10.1	0.0	0.0	24.3	3.3	0.0	67.2	561.8
03 Feb 2026	60.0	(148.7)	(23.4)	(62.5)	0.0	(2.2)	0.0	(4.8)	0.0	(56.6)	(33.8)	(272.0)
04 Feb 2026	(373.4)	(86.4)	0.0	(31.7)	0.0	(6.4)	0.0	(5.2)	0.0	(41.8)	0.0	(544.9)
05 Feb 2026	(175.3)	(109.5)	(15.6)	(23.1)	0.0	0.0	0.0	0.0	0.0	(75.4)	(35.2)	(434.1)
06 Feb 2026	231.6	-	28.7	43.3	7.0	0.0	0.0	-	0.0	0.0	20.1	330.7
Total	61,841	11,091	2,142	1,479	234	340	307	1,103	55	(25,878)	1,917	54,631
Average	118.9	21.3	4.1	2.8	0.4	0.7	0.6	2.1	0.1	(49.8)	3.7	105.1
Maximum	1,119.9	473.4	237.9	268.7	63.4	60.9	43.4	118.8	118.5	73.8	191.1	1,373.8
Minimum	(528.3)	(356.6)	(280.7)	(327.9)	(62.0)	(74.1)	(74.8)	(38.4)	(53.8)	(642.5)	(318.2)	(1,113.7)

비트코인 현물 ETF 자금 현황, 파사이드 인베스터스 캡쳐

실전 투자에서 유의미한 신호는 5거래일 연속 순유입 또는 순유출이 발생할 때 포착된다고 말하는 의견이 있다. 필자가 개인적으로 지켜본 바로는 ETF 자금이 2~3 거래일만 연속으로 순유입이 되거나 순유출이 되면 비트코인 가격에 어느 정도는 반영된다고 보고 참고해도 좋을 듯 하다.

관세 전쟁, 지정학적 이슈, 일본 엔캐리 트레이드, 연준의 금리 인하 등 다양한 거시 경제 지표들이 발표될 때마다 비트코인 현물 ETF의 자금 현황이 가장 민감하게 반응하는 지표 중 하나다. 비트코인 현물 ETF의 자금 유출입은 비트코인 가격에도 거의 바로 반영되는 매커니즘으로 작동된다고 보고 투자에 참고하면 된다.

선물 시장의 미결제약정Open Interest 지표와 ETF 자금 흐름을 결합하는 분석을 할 수 있다면 좀 더 자세한 분석을 할 수 있을 것이다. 개인 투자자 관점에서는 어려운 부분이 있다. 필자도 해외 뉴스에서 미결제약정 관련 뉴스가 나올 때마다 주의 깊게 살펴보지만 일단 비트코인 현물 ETF 자금 유출입 현황을 가장 우선순위를 두고 살펴보고 있는 중이다. 만약 유입량은 정체되어 있는데 미결제약정만 급증한다면 이는 투기적 레버리지에 의한 과열 신호로 보고 조정을 대비해야 한다.

파사이드 인베스터스 데이터를 통한
ETF 자금 유출입 실시간 분석

2024년 현물 ETF 승인 이후 비트코인 시장의 유동성 중심축은 개별 거래소에서 월가의 제도권 금융 상품으로 확실하게 이동했다. 이런 변화에 따라 암호화폐 투자자가 가장 먼저 확인해야 할 데이터는 영국의 금융 분석 기관인 파사이드 인베스터스^{Farside Investors}가 제공하는 실시간 ETF 자금 흐름^{ETF Flow} 데이터다. 이 데이터는 블랙록^{IBIT}, 피델리티^{FBTC}, 아크인베스트^{ARKB} 등 미국 내 11개 현물 ETF의 일일 순유입액과 순유출액을 집계하여 시장의 '거대 자본'들이 현재 어떤 포지션을 취하고 있는지 실시간으로 보여준다.

2025년 3월 20일, 미국 내 '비트코인 전략 비축 법안'에 대한 기대감이 고조되던 시기 파사이드 데이터는 7거래일 연속 총 38억 달러의 순유입을 기록하며 역사적인 랠리가 시작될 것을 미리 알렸다. 블룸버그의 시니어 ETF 애널리스트 에릭 발츄나스^{Eric Balchunas}는 당시 "IBIT로의 자금 유입 속도가 금 ETF의 전성기보다 5배 빠르다"고 분석했다. 투자자는 단순히 유입량의 절대치만 볼 것이 아니라 자산 운용사별 점유율 변화와 유출입의 지속성을 파악해야 한다. 블랙록의 독주 속에 다른 중·소형 ETF들의 유입세가 동반되는 '동조화 현상'은 기관 전체의 신뢰도가 확산되고 있다는 것을 의미한다. 파사이드의 데이터는 기관의 평균 매집 단가를 추정하고 유동성 공급 주기를 예측하는데 있어 꼭 확인해야 할 1순위 지표로 자리 잡고 있다.

시장의 과열 여부: 펀딩 비율(Funding Rate) 참고

선물 시장의 '펀딩 비율Funding Rate'은 레버리지 시장의 투기적 에너지를 살펴볼 수 있는 지표다. 무기한 선물Perpetual Futures 계약에서 현물 가격Spot Price과 선물 가격이 너무 벌어지지 않도록 강제하는 일종의 균형 유지 장치다. 이 제도는 롱Long 포지션과 숏Short 포지션 중 어느 쪽이 비용을 지불하고 있는지를 통해 시장의 쏠림 현상을 확실하게 보여준다.

펀딩 비율이 양(+)의 값을 크게 나타내면 롱 포지션이 숏 포지션에게 일정한 비용을 지불하며 상승에 과도하게 베팅하고 있다는 뜻이다. 이는 사소한 악재에 따른 가격 하락에 '롱 스퀴즈Long Squeeze, 대규모 강제 청산'가 발생할 수 있는 위험한 상태임을 반영한다. 펀딩 비율이 음(-)의 값을 나타내면 시장이 하락할 것이라고 믿는 숏 포지션이 우세하다는 의미다. 가격이 조금만 상승해도 '숏 스퀴즈Short Squeeze'가 발생할 확률이 높다.

미국 퇴직연금(401k)에 비트코인 투자 개방

2025년 암호화폐 시장에서의 가장 의미 있는 결정은 미국 직장인들의 노후를 책임지는 401(k) 퇴직연금에서 비트코인에 투자할 수 있도록 규제를 개방된 것이다. 2025년 8월 7일, 트럼프 대통령은 "401(k) 투자자를 위한 대체 자산 접근성 민주화Democratizing Access to Alternative Assets for 401k Investors" 행정명령에 서명했다. 트럼프 대통령은 "우리는 401(k) 빗장을 열어 모든 미국인이 미래의 자산crypto에 투자할 자유를 보장할 것이다" 라고 말했다. 내용은 바이든 행정부 시절의 규제를 공식적으로 폐기했다. 기업들이 401(k) 포트폴리오에 비트코인 ETF를 포함해도 법적 불이익을 받지 않게 되었다.

신시아 루미스 상원의원은 2025년 3월, 비트코인 법안을 발의하며 "비트코인은 디지털 금이다. 국가가 전략 자산으로 비축하는 만큼 국민들도 은퇴 자산의 일부로 이를 보유할 권리가 있다"고 말했다. 2025년 5월 28일, 비트코인 컨퍼런스에서 밴스 부통령은 "비트코인은 워싱턴의 잘못된 정책에 대한 헷지 수단이다. 401(k)에 이를 포함하는 것은 근로자들이 자신의 부를 스스로 지킬 수 있게 하는 가장 강력한 도구다"라고 말했다.

2025년 10월, 피델리티 등 주요 자산운용사는 401(k) 디지털 자산 계정 서비스 확대를 발표했다. 2026년 1월, 트럼프 대통령은 신년사에서 "미국인의 은퇴 자금이 더 이상 인플레이션에 녹아내리지 않도록 선택권을 돌려주었다"고 자평했다. 미국 퇴직연금 401(k) 적립금 규모는 약 9조 달러로 한화로 1경 2천조 원 정도다. 1981년 도입 후 급여의 일부를 세금 유예 혜택과 함께 주식과 채권에 투자할 수 있다.

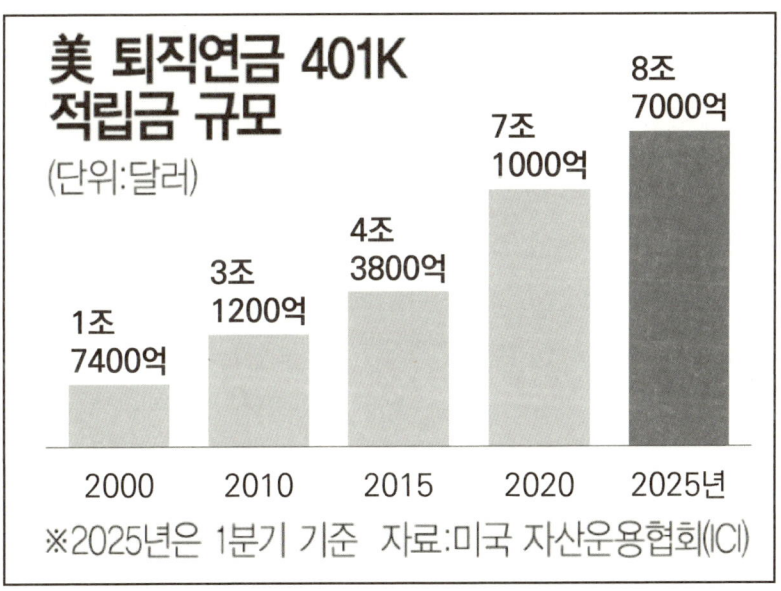

미국 퇴직연금 401(k)규모, 미국 자산운용협회

미국 노동부^{DOL}가 가상자산 투자에 대한 '수탁자 책임' 가이드라인을 완화하고 2025년 통과된 FIT21^{21세기 금융혁신과 기술 법안}이 법적 명확성을 제공하자 보수적이었던 기업 이사회들도 비트코인 채택을 서둘렀다. 2026년 초 현재, 미국 상장사의 약 18%가 퇴직연금 옵션에 비트코인을 포함하고 있으며 가입자의 평균 자산 배분 비중은 1~3% 수준이다. 퇴직연금 자금은 매월 급여에서 자동으로 적립되는 '적립식 투자^{Dollar Cost Averaging}'의 성격을 띠기 때문에 단기 가격 변동에 일희일비하지 않는 매우 강력하고 안정적인 '다이아몬드 핸드' 자금이 시장의 하방을 지지하는 견고한 토대가 되고 있다.

피델리티는 미국 최대의 퇴직연금 401(k) 제공업체로 미국 내 401(k) 계좌에 투자된 전체 자금의 3분의 1 이상을 보유하고 있다. 이 자금은 매우 다양한 자산에 투자되어 있으며 피델리티는 여기에 한 가지를 더 추가했다. 바로 비트코인이었다. 디지털 자산 계좌 옵션을 기존의 전통적인 계좌와 함께 도입하겠다고 이미 2022년 4월에 발표했었다. 401(k) 계좌를 보유한 직원들이 비트코인을 계좌에 추가할 수 있게 해 주었다. 피델리티 401(k) 계좌를 가진 직원은 고용주가 허용하는 경우에 한해 계좌의 일정 비율을 비트코인에 배분할 수 있게 해 주었다. 당시에는 전체의 20%를 넘는 비트코인 배분은 허용하지 않았다.

블랙록, 전통 금융권의 투자 전략 전환

세계 최대 자산운용사 블랙록BlackRock의 래리 핑크Larry Fink 회장은 과거 비트코인을 '범죄의 도구'라고 맹비난했던 회의론자에서 가장 강력한 옹호자로 변신하며 월가의 비트코인 투자 전략을 전환시켰다. 래리 핑크 회장은 2025년 연례 서한에서 비트코인을 "화폐의 가치 하락에 대비한 국제적 자산"이자 "금융 시스템의 투명성을 높이는 디지털 금"으로 정의했다. 블랙록의 비트코인 투자 전략은 비트코인을 '투기 상품'에서 '필수 다각화 자산'으로 완전히 격상시켰다.

2017년 래리 핑크 회장은 "비트코인은 단지 자금 세탁의 인덱스Index of Money Laundering일 뿐이다"라며 비트코인이 범죄와 불법 행위에만 쓰인다며 가치를 전면 부정했다. 2020년 코로나19 팬데믹 이후 디지털 경제가 가속화 되자 "비트코인이 글로벌 시장으로 진화할 가능성이 있다. 밀레니얼 세대의 관심을 끌고 있다"며 비트코인을 '테스트가 필요한 자산'으로 인정하기 시작했다. 2023년은 블랙록이 비트코인 현물 ETF를 신청한 해다. "비트코인은 디지털 금이다. 지정학적 리스크가 커질 때 사람들은 비트코인으로 도피한다"며 비트코인을 특정 국가의 통화가 아닌 '국제적인 자산'으로 격상시켰다. 2024년 비트코인 현물 ETF 출시로 큰 성공을 거두자 "비트코인은 당신을 보호하는 자산 클래스다. 시장 공포와 통화 가치 하락이 지속되면 개당 70만 달러까지 갈 수도 있다"고 칭송하며 국부펀드 등 기관 투자자들에게 비트코인 포트폴리오 편입(2~5%)을 적극 권장했다.

래리 핑크 회장, 블랙록

블랙록은 2024년 1월 11일 'iShares Bitcoin Trust ^{티커: IBIT}'를 나스닥에 상장하며 ETF 출시와 동시에 막대한 자금을 끌어들이며 ETF 역사를 새로 썼고 비트코인을 전통 금융권에 진입시키는데 가장 큰 역할을 했다. 출시 후 7주 만에 총 운용자산^{AUM} 100억 달러^{약 14조원}를 돌파했다. 금 ETF ^{GLD}가 2년이 걸려서 달성한 기록을 두 달 만에 달성한 성과였다. 2024년 말에는 블랙록이 운용하는 기존의 금 ETF 자산 규모를 넘어서며 비트코인은 '디지털 금'으로 당당한 지위를 확인했다.

2025년 가상자산 시장의 큰 변동성에도 불구하고 IBIT는 한 해 동안 약 250억 달러약 35조원의 순유입을 기록하며 전 세계 모든 ETF 중 자금 유입 6위를 기록했다. 2026년 초 기준으로 IBIT의 운용자산은 약 670억 달러약 92조원 규모를 자랑한다. IBIT 자체가 단순한 투자 상품을 넘어 비트코인 가격의 중심 역할을 하고 있다.

블랙록은 자사의 인공지능 기반 리스크 관리 시스템인 '알라딘Aladdin'에 비트코인 전용 분석 모듈을 통합했다. 이를 통해 전 세계 2,500개 이상의 금융기관과 자산운용사들은 기존 포트폴리오에 비트코인을 추가했을 때의 '위험 대비 수익률'을 정교하게 시뮬레이션 할 수 있게 되었다. 분석 결과, 전통적인 60/40 포트폴리오주식 60%, 채권 40%에 비트코인을 단 2%만 섞어도 전체 포트폴리오가 우상향한다는 사실을 확인했다. 이는 기관 투자자들이 비트코인을 보유하지 않는 것이 오히려 고객에 대한 '선관주의 의무Fiduciary Duty'를 위반하는 것일 수 있다는 인식을 심어주는 결정적 계기가 되었다.

선관주의 의무Fiduciary Duty: 법률적·금융적 용어로 '선량한 관리자의 주의 의무'를 뜻한다. 타인의 자산을 관리하는 사람(수탁자, 펀드 매니저 등)은 자신의 재산을 다룰 때보다 더 높은 수준의 주의와 성실함을 기울여야 하며 오직 '고객의 이익'만을 위해 행동해야 한다는 법적 책임이다.
투자 포트폴리오에서 비트코인을 무시하는 것 자체가 이제는 태만으로 해석될 수 있다는 것이다. 경제 위기나 화폐 가치가 떨어질 때 투자 포트폴리오의 강력한 헷지 수단인 비트코인을 편입하지 않는 것은 직무를 유기한 것이다. 비트코인을 편입하지 않았다가 시장 수익률을 못 따라가면 소송을 당하는 시대가 왔다.

암호화폐 포트폴리오 구성과 리밸런싱 이해하기

기관들의 비트코인 운용 전략은 개인 투자자들과 달리 매우 기계적이고 체계적이다. 블랙록과 피델리티가 기관 고객들에게 제안하는 표준 모델 포트폴리오에 따르면 비트코인의 권장 비중은 2%에서 최대 5% 사이다. 블랙록은 비트코인 비중을 1~3%를 기본으로 하되 공격적인 모델에서는 최대 5%까지 확대하는 안을 제안했으며 2025년을 '가상자산이 기관 포트폴리오의 3대 핵심 기둥주식, 채권, 비트코인이 되는 원년'으로 정의했다.

포트폴리오에 금과 비트코인을 배정하는 경우에 금은 안정성을, 비트코인은 투자수익률을 기대하는 경우가 많다. 금과 비트코인 모두 현금 가치 하락을 위한 헷지 자산으로 다루지만 안정성과 투자수익률이라는 조금 다른 기대치를 가지고 있다. 금과 비트코인을 마치 상호 대체할 수 있는 자산인 것처럼 "금이 좋은가요? 비트코인이 좋은가요?"라고 질문을 하는 경우가 많은데 개인의 투자 성향이 안정성을 더 추구한다면 금의 비중을 늘리고 투자수익률에 조금 더 관심이 있다면 비트코인의 비중을 높게 잡으면 되는 사항이다. 미국 대형 성장주와 비트코인을 공격형 자산, 미국 중단기 국채와 금을 방어형 자산으로 구분한 뒤 비중을 6:4 또는 7:3

정도로 배분하고 운영할 수 있다.

리밸런싱 주기는 통상 분기별Quarterly로 엄격히 시행된다. 분기별 리밸런싱과 함께 '허용 범위 리밸런싱'도 적용한다. 비트코인 가격이 급등하여 포트폴리오 내 비중이 설정된 3%를 넘어 5%에 도달하면 기관들은 초과분인 2%를 기계적으로 매도하여 수익을 실현하고 상대적으로 비중이 낮아진 주식이나 채권을 매수한다. 반대로 가격 하락 시에는 부족한 비중을 채우기 위해 저가 매수를 단행한다. 피델리티의 조언에 따르면 "리밸런싱은 수익을 확정 짓고 위험을 관리하는 규율이다"라고 말했다. 시장의 변동성이 클 경우에는 정기적인 리밸런싱보다 허용 범위 리밸런싱을 적극적으로 활용해야 한다. 대규모 자산운용사나 투자 전문기관들의 리밸런싱 작업은 비트코인 시장의 극심한 변동성을 억제하는 유동성 공급자 역할을 하며 기관들의 분기 결산 시점마다 발생하는 대규모 장외거래OTC 물량은 시장의 수급 구조를 재편성한다.

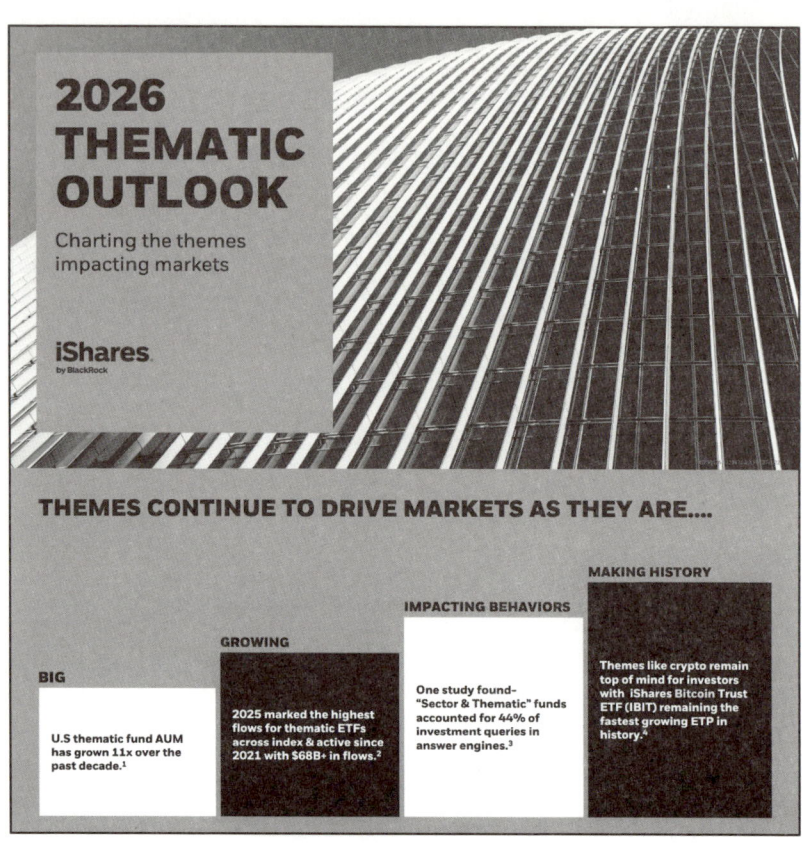

블랙록의 2026년 시장 전망

JP모건, 모건 스탠리, 골드만삭스도 암호화폐 금융 채택

"비트코인은 튤립 버블이다"라며 비트코인에 대해 가장 비판적인 목소리를 냈던 JP모건의 제이미 다이먼Jamie Dimon 회장조차 시장의 흐름을 거스를 수 없었다. JP모건은 2025년 6월, 기관 고객이 보유한 비트코인과 이더리움을 대출 담보로 활용할 수 있는 서비스를 공식화 했다. 이는 현물 ETF뿐만 아니라 암호화폐를 실물 경제와 연결되는 유효한 담보물로 인정한 획기적인 조치였다. 자사의 블록체인 사업부문인 '오닉스Onyx'를 통해 핵심적인 결제와 담보 관리 인프라 역할을 수행했다. 암호화폐의 수탁은 규제 준수를 위해 제3자 수탁기관과 연계하는 방식을 채택했다.

모건 스탠리Morgan Stanley는 한발 더 나아가 2024년 8월부터 자사 소속 1만 5,000명의 자산관리사FA들이 150만 달러약 20억원 이상의 순자산을 보유한 적격 고객들에게 비트코인 ETFIBIT, FBTC 등 매수를 공식적으로 권유할 수 있도록 허용했다. 단순 매매를 넘어 '헤지펀드 솔루션'에 집중했다. 기관 전용 비트코인 옵션과 선물 거래 영업을 확장하여 변동성 헤지 수요를 매출로 흡수했다. 스테이트 스트리트State Street와 BNY 멜론BNY Mellon

같은 세계적 수탁 은행들이 가상자산 보관 서비스를 전면적으로 확대했다.

미국 비트코인 현물 ETF는 2025년 상당한 변동성을 보였으며 연말 4분기 유입 감소와 가격 하락에 따른 운용자산^{AUM} 큰 폭의 감소에도 불구하고 12월 초 기준 누적 순유입액은 575억 6천만 달러를 기록했다. 순수익 기준으로 해당 상품들은 2025년 12월 4일까지 223억 2천만 달러의 신규 창출을 보였다. 2025년 초 급증은 기관 투자자 수용 확대, 규제 변화, 전략적 비트코인 비축 기대감에 의해 주도되었다. 연말 둔화에도 불구하고 2025년 미국 ETF의 전체 자산군 순유입액은 사상 최대인 1조 4,800억 달러를 기록하며 투자자들의 높은 수요를 증명했다.

기관 투자자들이 믿을 수 있는 은행에 암호화폐를 맡기는 시대가 열렸다. 이런 분위기는 연기금 등 보수적인 자금이 암호화폐 시장에 진입하는 결정적인 마중물 역할을 했다. 월가는 이제 '크립토 금융'을 주요 파이프 라인으로 서서히 받아들이기 시작했다.

대학 기금과 국부 펀드의 투자

2025년 하반기, 하버드, 에모리, 브라운 대학교 등 미국 명문 대학 기금Endowments이 비트코인 ETF를 포트폴리오에 편입했다는 소식은 시장에 기대한 신뢰의 마침표를 찍었다. 대학 기금은 50년 이상의 초장기 투자 지평을 가진 자금으로 이들의 진입은 비트코인이 일시적인 유행이 아니라 자산관리 체계에 새롭게 도입될 수 있는 유효한 '가치 저장 수단'이라는 것을 인증받는 것이다.

하버드 대학은 비트코인 현물 ETF에 투자해 전체 포트폴리오 중 20% 해당하며 단일 종목으로는 가장 큰 비중으로 비트코인에 투자하고 있다. 그 뒤로 마이크로소프트, 아마존, 금 ETF 순이다. 하버드대학교 기금은 하버드 매니지먼트 컴퍼니에서 운영하고 있으며 총 기금은 약 570억 달러약 84조원 규모의 기금이다. 이런 하버드대학교의 결정에 블룸버그 분석가는 세계적인 교육 기관이 비트코인에 투자하는 것은 가장 높은 수준의 신뢰와 검증을 의미한다고 강조했다. 에릭 발추나스Eric Balchunas 블룸버그 분석가는 하버드대학교는 블랙록 비트코인 현물 ETF 상위 보유자 16위에 올라있다고 말했다.

하버드대학교에서는 2022년 비트코인이 각 중앙은행의 위험회피 자산으로 자리 잡을 수 있다는 내용의 논문이 발간되었다. 각국의 중앙은행이 미국의 제재 위험을 분산시키기 위해 충분한 금을 확보하지 못한다면 비트코인을 보유하는 것이 대안이 될 수 있다는 것이 논문의 핵심이었다. 논문의 저자 매튜 페란티Mattew Ferranti는 금과 비트코인이 완전한 대체제가 아니라 서로 다른 방식으로 위험을 분산시키는 자산이라고 설명했다.

준비 자산으로서의 비트코인, 매튜 페란티

에모리 대학교는 약 5,200만 달러약 728억원, 브라운 대학교는 약 1,400만 달러약 196억원 규모의 비트코인 ETF를 보유하고 있는 것으로 알려졌다. 이런 흐름에 따라 미국 내 다른 대학 재단들의 비트코인 ETF 투자 결정에 영향을 미칠 것으로 예상된다.

더욱 놀라운 자산의 리밸런싱은 국가 단위의 자본인 국부펀드Sovereign Wealth Funds에서도 나타났다. 사우디아라비아의 공공투자펀드PIF와 아랍에미리트의 무바달라Mubadala는 2025년 말부터 포트폴리오 재조정과 달러 의존도를 낮추기 위해 비트코인을 전략적 자산으로 매입하기 시작했다. 노르웨이 국부펀드NBIM는 직접 암호화폐를 보유하지는 않지만 관련 기업 주식 투자로 자연스럽게 비트코인 보유량이 증가한 것으로 알려졌다. 노르웨이 국부펀드는 스트래티지MSTR, 마라홀딩스MARA, 메타플래닛3350, 토쿄증권거래사, 코인베이스COIN, 블록XYZ 등 암호화폐 기업의 주식을 보유하고 있다. 룩셈부르크 재무부의 질 로스 장관은 자국 세대 간 국부펀드FSIL가 포트폴리오의 1%를 비트코인에만 투자하기로 결정했다고 밝혔다. FSIL이 비트코인에 직접 투자하는 유럽 최초의 국부펀드라고 밝혔다. 로스 장관은 암호화폐는 코드와 자본을 연결하는 구조적 수단이며 미래 금융의 한 축이 될 것이라고 주장했다. 국부 펀드의 비트코인 노출은 아직은 작지만 투사 포트폴리오가 주류 금융에서 비트코인으로 점차 확산되고 있다는 것은 분명하다. 2026년 전 세계 국부펀드가 비트코인에 투자를 이어갈 것으로 예상되며 이들 거대 고래의 등장은 비트코인의 시가총액을 은Silver을 넘어 금Gold의 영역으로 밀어 올리는 강력한 견인차가 될 것이다.

국내에서는 비트코인을 포함한 암호화폐를 ETF 기초 자산으로 인정하지 않는 자본시장법과 금융당국의 가이드라인 때문에 아직도 비트코인 현물 ETF가 출시되지 않고 있다. 국내 비트코인 현물 ETF 상품이 없는 상황에서 미국에 상장된 비트코인 현물 ETF 매수도 할 수 없도록 막아 놓았다. 이런 제약으로 인해 암호화폐 거래소를 이용하지 않는 투자자들은 증권 서비스를 통해 스트래티지, 비트마인, 아이렌 등 간접 투자를 할 수 있는 상장 기업에 투자를 하고 있다.

알트코인 옥석을 가려 줄 알트코인 ETF들

비트코인과 이더리움이 열어놓은 현물 ETF 시장은 자연스럽게 알트코인 현물 ETF 상장으로 확대되고 있다. 비트코인과 이더리움 현물 ETF 승인 후 암호화폐 투자 시장이 빠르게 기관 중심으로 전환되면서 알트코인에 대한 관심이 급격하게 줄어드는 상황이 되어 버렸다. 알트코인 시장으로 흘러가는 유동성이 크게 위축된 것이 사실이다.

2024년 7월 출시된 이더리움 현물 ETF는 2025년 한 해 동안 약 180억 달러의 순유입을 기록하며 이더리움의 지분증명PoS 모델과 스마트 컨트랙트 가치를 증명했다. 2025년 10월, SEC가 솔라나Solana와 라이트코인Litecoin 등 기술적 경쟁력을 갖춘 알트코인들에 대한 현물 ETF 승인 검토를 본격화하면서 시장은 다시 한번 요동쳤다.

2025년 7월 2일 출시된 최초의 솔라나 ETF인 REX 오스프리 솔라나 스테이킹 ETFSSK를 시작으로 10월 28일에는 비트와이즈가 출시한 솔라나 스테이킹 ETFBSOL가 거래를 시작했다. 스테이킹을 지원하는 ETF가 출시되었다는 점을 눈여겨봐야 한다. 솔라나 스테이킹 ETF를 매수하면

연 7% 정도의 스테이킹 수익을 얻을 수 있다. 솔라나 스테이킹 ETF 출시로 인해 비트코인과 이더리움도 스테이킹을 지원하는 ETF가 나올 가능성이 커졌다. 스테이킹 특성상 락업에 따른 유동성 제약 등이 있을 수 있지만 암호화폐 투자자들의 성향이 장기 투자 성향이 많은 편이라 스테이킹에 대한 선호는 계속해서 높을 것으로 예상된다.

2025년 11월 13일에는 카나리캐피탈의 XRP 현물 ETF^{XRPC}가 출시되어 첫 거래일에 5,800만 달러약 846억 원 규모의 거래량을 달성했다. 첫 거래일 규모로는 솔라나 현물 ETF보다 더 큰 성과를 달성했다. 2025년 미국 증시에 상장된 ETF 중에서는 첫날 거래량 기준으로 가장 큰 기록을 달성했다. 2025년 말 기준으로 미국 증시에 상장된 현물 ETF는 비트코인, 이더리움, 솔라나, 헤데라, 라이트코인, XRP가 있다.

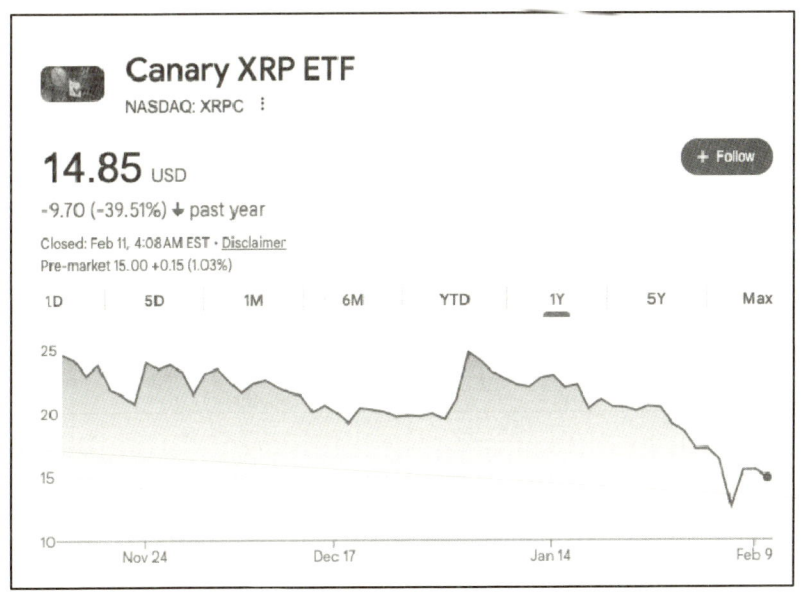

XRPC ETF 가격 차트

알트코인에게도 ETF 상장이라는 내러티브가 유동성 공급이라는 관점에서 매우 중요해졌다. 충분한 시가총액을 유지하면서 많은 코인 홀더들을 가지고 있는 알트코인에 대해서는 자산 운용사들이 계속해서 알트코인 현물 ETF 출시를 시도하고 있다. 알트코인 현물 ETF의 승인 이벤트를 잘 활용하는 것도 좋은 투자 전략이다.

알트코인 ETF의 등장은 시장에서 '알트코인 옥석 가리기'로 활용되는 면이 있다. 기관의 실사Due Diligence를 통과하여 ETF로 출시된 자산들은 막대한 제도권 유동성을 흡수하며 가격 상승의 기회를 잡는 반면 실질적인 활용처가 없는 이른바 '잡코인'들은 유동성 고갈로 인해 시장에서 더욱 외면받는 양극화 현상이 심화되고 있다.

투자자들은 이제 개별 코인의 기술력을 분석하는 수고를 줄이기 위해 블랙록이나 피델리티가 운용하는 '크립토 TOP 10 인덱스 ETF'를 통해 우량 자산에 분산 투자하는 방식도 활용할 수 있게 되었다. 2026년은 비트코인이 주도하고 이더리움이 뒤따르던 흐름을 넘어 기관 투자자들에 의해 검증된 다양한 디지털 자산들이 각자의 경제적 가치를 증명하며 성장하는 방식으로 디지털 경제를 펼쳐 나갈 것이다.

출처 (References)

1. 공공 및 제도권 기관

미국 증권거래위원회 (SEC): "Statement on the Approval of Spot Bitcoin Exchange-Traded Products", 게리 겐슬러 의장 성명, 2024.01.10.

미국 증권거래위원회 (SEC): "Order Granting Accelerated Approval of Proposed Rule Changes to List and Trade Bitcoin-Based Commodity-Based Trust Shares", Release No. 34-99306, 2024.01.10.

미국 의회 도서관 (Library of Congress): "SEC Approves Bitcoin Exchange-Traded Products (ETPs)", Congressional Research Service 보고서 IF12573.

백악관 (The White House): "Democratizing Access to Alternative Assets for 401(k) Investors", 행정명령, 2025.08.07.

2. 주요 뉴스 및 시장 분석

CNBC: "Morgan Stanley tells wealth advisors they can pitch bitcoin ETFs in a first for a big bank", 2024.08.02.

CNBC: "Trump signs order allowing alternative assets like cryptocurrencies, private equity in 401(k)s", 2025.08.07.

Bloomberg: "JPMorgan to Allow Bitcoin, Ether as Collateral in Crypto Push", 2025.10.24.

코인데스크 (CoinDesk): "BlackRock's spot bitcoin ETF (IBIT) is sixth in ETF inflows in 2025 despite posting a negative return", 에릭 발츄나스 분석, 2025.12.20.

코인데스크 (CoinDesk): "Harvard Endowment Takes Rare Leap Into Bitcoin With $443M Bet on BlackRock's IBIT", 2025.11.15.

코인데스크 (CoinDesk): "Donald Trump Signs Order Letting Crypto Into 401(k) Retirement Plans", 2025.08.07.

코인데스크 (CoinDesk): "SEC Sets July Deadline for Solana ETF Refilings, Clearing Path for Pre-October Approval", 2025.07.07.

더블록 (The Block): "BlackRock CEO Larry Fink sees bitcoin as 'digitizing gold'", 2023.07.05.

더블록 (The Block): "Harvard triples down on bitcoin bet with spot ETF buys from world's largest academic endowment", 에릭 발츄나스 코멘트, 2025.11.15.

더블록 (The Block): "JPMorgan to let institutional clients pledge BTC and ETH as loan collateral by year-end", 2025.10.24.

Fortune: "Trump to sign executive order to allow crypto and other private assets into 401(k)s", 2025.08.07.

Fortune: "Harvard now owns nearly half a billion dollars worth of Bitcoin", 2025.12.06.

하버드 크림슨 (The Harvard Crimson): "Bitcoin Now Harvard's Largest Publicly Disclosed Holding, Tripling in Size in Third Quarter", 2025.11.18.

하버드 크림슨 (The Harvard Crimson): "Harvard's Endowment Goes Big on Bitcoin and Gold in Second Quarter of 2025", 2025.08.09.

블랙록 (BlackRock): "iShares Bitcoin Trust ETF (IBIT)" 공식 펀드 페이지.

파사이드 인베스터스 (Farside Investors): "Bitcoin ETF Flow (US$m)" 일일 자금 흐름 데이터.

비트와이즈 (Bitwise Asset Management): "10 Crypto Predictions for 2026" 보고서.

NerdWallet: "11 Solana ETFs (and Their Fees and Promotions)", 솔라나 ETF SEC 승인 분석, 2025.10.21.

Charles Schwab: "Solana ETPs Cleared to Trade: What to Know", 2025.10.28.

Decrypt: "Solana, XRP and Dogecoin ETF Approvals in 2025 Are a Near Lock, Analysts Say", 에릭 발츄나스 및 제임스 세이파트 분석, 2025.06.20.

Bitcoin Magazine: "Harvard's Largest Public Holding Is Now $442.8M In Bitcoin", 2025.11.17.

Statista: "Cryptocurrency investment flow per day in the Bitcoin ETFs listed on the NYSE and NASDAQ from January 2024 to December 2025", 파사이드 인베스터스 데이터 기반, 2025.12.02.

CryptoSlate: "Bitcoin ETF 'record outflows' are deceptive as crypto products absorbed $46.7 billion in 2025", 2025.12.27.

Chapter 6.

기업의 암호화폐
재무전략(DAT)

디지털 자산 재무
(DAT, Digital Asset Treasury) 전략

2025년은 디지털 자산 재무 전략을 표방하는 기업들이 완전히 새로운 모습으로 금융 시장에서 주목을 받기 시작한 해로 볼 수 있다. 새로운 기업이 많은 자금으로 비트코인을 매수했다는 소식과 함께 비트코인 매수를 위해 수백억 단위의 자금을 조달했다는 뉴스가 심심치 않게 등장했다. 스트래티지가 선두를 이끌었고 메타플래닛, 마라홀딩스, 셈러 사이언티픽, 마라톤 디지털, 게임스탑, 비트마인 등의 기업이 DAT로 뛰어들었다.

DAT 기업은 Digital Asset Treasury$^{디지털\ 자산\ 재무}$를 표방하는 기업을 의미한다. 기업이 자산의 가치 보존과 수익 창출을 위해 비트코인 등 디지털 자산을 기업의 핵심 자산으로 보유하고 운용하는 재무 전략을 활용하는 기업이다. 유상증자^{Equity}나 전환사채^{Debt} 발행 등을 통해 조달한 자본으로 비트코인, 이더리움, 솔라나 등의 암호화폐를 지속적으로 매입한 후 장기 보유하는 전략을 핵심 비즈니스 모델로 가진다. DAT 기업들은 자신들이 보유한 암호화폐의 가격 흐름을 능가하는 수익을 내는 것을 목표로 한다.

DAT 기업은 암호화폐를 일부 보유한다는 개념을 넘어 암호화폐 보유를 기업 재무 전략의 중심에 두고 대차대조표를 구성한다. 비트코인 매수를 위한 자금 조달, 수익 창출, 기업의 포지셔닝을 하는 기업들을 뜻한다. 전통적인 금융기관이나 운용사와 달리 DAT 기업은 직접 보유한 디지털 자산 가격과 기업 가치를 연동시키는 완전히 새로운 기업 형태이며 디지털 자산 보유 자체가 기업의 핵심 재무 전략이라는 이미지를 내세운다.

금융 투자 업계와 리서치 기관갤럭시 디지털, 21쉐어즈 등이 이들 기업군을 ETF나 채굴 기업과 구분하기 위해 DAT 기업이라는 카테고리로 묶어서 부르기 시작했다. 비트코인 트레저리 자료에 따르면 2026년 2월 기준으로 200개 이상의 기업이 DAT 기업으로 분류되고 있다. DAT 기업들이 총 보유하고 있는 비트코인의 갯수는 120만 개가 넘는다. 투자은행 맥쿼리가 발표한 자료에 따르면 DAT는 투자자들에게 규제 측면에서의 불확실성을 줄일 수 있다고 말했다. DAT는 암호화폐 자산을 SEC 규제를 받는 증권으로 처리하고 있다. 이는 규제 불확실성을 제거하고 다른 상장 주식과 동일한 공시, 보고, 투자자 보호를 보장한다고 주장한다. 서섹스대학교 금융학 교수 캐럴 알렉산더 Carol Alexander는 "DAT는 직접 토큰을 보유하거나 크립토 ETF에 투자하기에 규제·수탁·운영상의 제약이 있는 기관과 전문 투자자들에게 새로운 선택지를 제공한다"고 설명했다.

ETF 매수와의 차이는 ETF는 수동적으로 가격만 추종하며 실제 기초 자산과 1:1로 매칭되는 주식을 발행하는 구조다. DAT 기업은 적극적인 자본 조달과 운용 등을 통해 초과 수익을 추구한다. 투자자들은 해당 기업의 주식을 매수함으로써 간접 투자 효과를 누릴 수 있다.

BITCOINTREASURIES.NET

Top 100 Public Bitcoin Treasury Companies

#			Ticker	Bitcoin (BTC)
1	Strategy	MSTR	714,644
2	MARA Holdings, Inc.	MARA	53,250
3	Twenty One Capital	XXI	43,514
4	Metaplanet Inc.	MPJPY	35,102
5	Bitcoin Standard Treasury Co…	CEPO	30,021
6	Bullish	BLSH	24,300
7	Riot Platforms, Inc.	RIOT	18,005
8	Coinbase Global, Inc.	COIN	14,548
9	Hut 8 Mining Corp	HUT	13,696
10	CleanSpark, Inc.	CLSK	13,513
11	Strive	ASST	13,132
12	Trump Media & Technology Gr…	DJT	11,542
13	Tesla, Inc.	TSLA	11,509
14	Block, Inc.	XYZ	8,780
15	GD Culture Group	GDC	7,500
16	Galaxy Digital Holdings Ltd	GLXY	6,894
17	American Bitcoin Corp	ABTC	5,843
18	Next Technology Holding Inc.	NXTT	5,833
19	Nakamoto Inc	NAKA	5,398
20	ProCap Financial	RRR	5,000
21	GameStop Corp.	GME	4,710
22	Boyaa Interactive Internationa…	0434	4,091
23	Empery Digital	EMPD	4,091
24	Gemini Space Station Inc	GEMI	4,002
25	OranjeBTC	OBTC3	3,722
26	Cango Inc	CANG	3,645
27	Bitcoin Group SE	ADE	3,605
28	Capital B	ALCPB	2,828
29	The Smarter Web Company …	SWC	2,689
30	DeFi Technologies	DEFI	2,452
31	Microcloud Hologram	HOLO	2,353
32	Sequans Communications S.A.	SQNS	2,264
33	HIVE Digital Technologies	HIVE	2,201
34	Core Scientific	CORZ	2,116

#			Ticker	Bitcoin (BTC)
35	DDC Enterprise Limited	DDC	1,888
36	Bitfarms Ltd.	BITF	1,827
37	BITFUFU	FUFU	1,780
38	Canaan Inc.	CAN	1,778
39	NEXON Co., Ltd.	3659	1,717
40	Exodus Movement, Inc	EXOD	1,704
41	Fold Holdings Inc.	FLD	1,526
42	Cipher Mining	CIFR	1,500
43	Anap Holdings Inc.	3189	1,417
44	Remixpoint	3825	1,411
45	Treasury	TRSR	1,111
46	H100 Group	H100	1,051
47	Bitdeer Technologies Group	BTDR	1,040
48	ZOOZ Power	ZOOZ	1,036
49	KULR Technology Group	KULR	1,021
50	USBC, Inc.	USBC	1,000
51	Nano Labs	NA	1,000
52	Ming Shing Group	MSW	833
53	Yueda Digital Holdings	YDKG	819
54	SOS Limited	SOS	803
55	Bitcoin Treasury Corp	BTCT	769
56	Figma Inc	FIG	767
57	Convano Inc	6574	763
58	Aker ASA	AKER	754
59	CIMG Inc	IMG	730
60	Satsuma Technology	SATS	620
61	Méliuz	CASH3	605
62	Hyperscale Data	GPUS	589
63	MercadoLibre, Inc.	MELI	570
64	bitmax	377030	551
65	Alliance Resource Partners, L.P.	ARLP	541
66	Samara Asset Group	SRAG	540
67	Phoenix Group PLC	PHX	514
68	DigitalX	DCC	502

#			Ticker	Bitcoin (BTC)
69	Prenetics	PRE	502
70	3U Holding AG	UUU	427
71	Neptune Digital Assets	NDA	416
72	Virtu Financial, Inc.	VIRT	410
73	DMG Blockchain Solutions Inc.	DMGI	403
74	LM Funding America	LMFA	356
75	Net Holding A.S.	NTHOL	352
76	Consensus Mining & Seignior…	CMSG	340
77	Angel Studios, Inc.	ANGX	303
78	POP Culture Group Co., Ltd.	CPOP	300
79	S-Science	5721	299
80	The9 Limited	NCTY	285
81	Bitplanet	049470	265
82	LQWD Technologies Corp.	LQWD	253
83	Coinshares International Limi…	CS	236
84	WEMADE	112040	223
85	Rumble Inc.	RUM	211
86	Parataxis Korea	288330	200
87	BitMine	BMNR	192
88	Bitcoin Treasury Capital	BTCB	187
89	Vanadi Coffee, SA	VANA	183
90	Coinsilium	COIN	182
91	Matador Technologies Inc	MATA	175
92	The Brooker Group	BTC	165
93	B HODL	HODL	161
94	FRMO Corp.	FRMO	159
95	Sixty-Six Capital Inc	SIX	149
96	K33 AB	K33	141
97	BTCS S.A.	36C	138
98	Vaultz Capital	V3TC	135
99	Horizon Kinetics Holding Corp	HKHC	132
100	Mac House	7603	125

Total of top 100		1,129,863
Total of all public companies		1,132,562

BITCOINTREASURIES.NET

비트코인 트레저리 기업 Top 100

비트코인 DAT 기업 등장

2024년 비트코인 현물 ETF 승인으로 시작된 디지털 자산의 전통 금융 시장 진출은 2025년으로 넘어와서는 상장 기업의 디지털 자산 재무 전략Digital Asset Treasury, 이하 DAT으로 확대 발전했다. 그동안 스트래티지가 독보적으로 이끌어 왔던 비트코인 보유를 통한 기업 재무 전략이 다른 상장 기업들도 벤치마킹하고 적용하기 시작한 것이다. 비트코인을 기업의 재무 전략으로 검토하고 도입하는 것이 더 이상 일부 튀는 기업의 도전적이고 실험적인 시도가 아니라 글로벌 상장사들의 또 다른 차원의 재무 리스크 관리 도구이자 자산 관리 전략으로 채택되기 시작했다.

DAT 패러다임 전환의 배경에는 2024년 12월 15일부터 전면 시행된 미국 재무회계기준위원회FASB의 '공정가치 회계준칙ASU 2023-08'이 자리 잡고 있다. 이 회계준칙에 따라 기업이 보유한 비트코인의 가치를 매 분기 시장 가격으로 평가하여 상승분을 즉각 기업 실적에 반영할 수 있게 함으로써 과거 가격 하락 시에만 손실 기록을 해야 했던 회계적 불합리함이 해소되었기 때문이다. 비트코인 가격 상승이 기업 재무 실적에 반영될 수 있도록 제도적인 뒷받침이 되었다. DAT 전략을 실행하는 기업이 2025년도에 집중적으로 등장하게 된 배경이다. 이처럼 법적, 제도적 규제가 명확해지면 암호화폐 시장은 빠르게 반응한다.

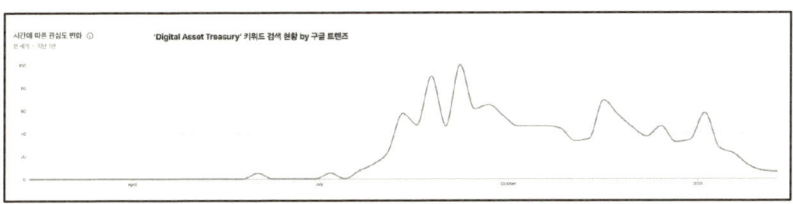

'Digital Asset Treasury' 키워드 검색량 변화, 구글 트렌즈

비트코인 트레저리Bitcoin Treasuries의 최신 데이터에 따르면 2025년 12월 말 기준 전 세계 상장사와 비상장사가 직접 보유하거나 ETF를 통해 간접 보유한 비트코인의 총합은 약 235만 개를 돌파했다. 이는 비트코인 전체 유통량의 약 11.2%를 넘어서는 규모로 기업 자본이 비트코인 네트워크의 가장 강력한 지지 기반이 되었음을 의미한다.

2025년 한 해 동안 엔비디아NVIDIA나 테슬라Tesla와 같은 빅테크 기업 뿐만 아니라 S&P 500에 포함된 중견 제조·서비스 기업들까지 현금 보유액의 3~7%를 비트코인으로 전환하는 '포트폴리오 다변화'에 참여했다. 이는 단순한 투기적 목적이 아닌 전 세계적인 통화 팽창과 법정화폐의 가치 하락Fiat Debasement에 대응하기 위한 기업 차원의 냉정한 재무 전략의 결과다. 기업들도 이렇게 발 빠르게 디지털 자산에 대한 투자 전략을 전환하고 있는데 개인 투자자들도 비트코인에 대한 의심과 변동성에 두려움을 극복하고 각자의 소중한 자산을 보호하고 불리기 위해 적극적으로 비트코인 투자 전략을 재정립 해야 할 타이밍이다.

마이클 세일러와 스트래티지의 DAT 전략

마이크로스트래티지MicroStrategy, 이하 MSTR의 마이클 세일러Michael Saylor 회장은 '비트코인 재무 전략'의 설계자이자 이 거대한 흐름을 가장 강력하게 이끌고 있는 선구자다. MSTR은 2020년 8월 처음으로 비트코인을 기업의 핵심 예치 자산으로 채택한 이후 2026년 2월 9일에도 1,142개의 비트코인을 추가로 매수하며 당일 기준으로 총 714,644개의 비트코인을 보유한다고 밝히며 세계 최대의 민간 비트코인 보유 기업으로서의 위상을 드러냈다. 이날 기준으로 매수 평균 단가는 7만 6천 달러 수준이다. 스트래티지는 기업의 잉여 현금을 비트코인으로 전환하고 추가 자금 조달 후 비트코인을 추가로 매수하며 '비트코인 보유 기업'이라는 장르를 새롭게 만들어냈다.

스트래티지 비트코인 매수 정보 공개, X 게시물

MSTR의 핵심 전략은 단순히 현금으로 비트코인을 사는 수준을 넘어 '금융 공학'을 결합한 지능형 레버리지 모델에 있다. 세일러는 2024년 10월 30일 발표한 '21-21 플랜'을 통해 이후 3년간 210억 달러의 주식 증자와 210억 달러의 저금리 전환사채^{CB, Convertible Notes} 발행을 통해 총 420억 달러^{약 58조 원}를 조달하여 비트코인을 공격적으로 매입하겠다고 선언했다. 이 전략의 핵심은 MSTR이 도입한 '비트코인 수익률^{BTC Yield}' 이라는 지표다. 이는 발행 주식 수 대비 보유한 비트코인의 수량 변화를 측정하는 것으로 기업의 본업인 소프트웨어 사업보다 비트코인 보유량을 늘리는 속도를 더 중요시하는 전략이다.

2025년 4분기 실적 발표에서 마이클 세일러 의장과 퐁 레^{Phong Le} 최고 경영자는 비트코인 축적 전략은 변함없이 유지될 것이라고 확인했다. 4분기에 비트코인 가격 하락에 따라 124억 달러 순손실을 기록했으나 비트코인 가격이 8천 달러 선까지 추락하지 않는 한 비트코인 강제 청산 위험은 없다고 분명하게 말했다. 오히려 연 11.25% 배당금을 지급하는 우선주를 추가 발행하여 비트코인 비축량을 늘리겠다는 계획을 밝혔다.

일본 메타플래닛의 전략과 셈러 사이언티픽

미국에 마이크로스트래티지가 있다면 아시아에서는 일본의 메타플래닛 Metaplanet이 DAT 전략을 가장 적극적으로 지지하며 벤치마킹하여 따라하고 있다. 도쿄 증권거래소 상장사인 메타플래닛은 2024년 5월 13일, 일본의 고질적인 엔저円低 현상과 국가 부채 리스크에 대응하기 위해 비트코인을 주된 재무 자산으로 채택한다고 공식 발표했다.

메타플래닛은 원래 '레드 플래닛 재팬Red Planet Japan'이라는 회사명으로 시작된 저가 호텔 운영사였다. 2010년 설립되어 일본과 아시아 지역에서 호텔 체인을 운영했다. 코로나19 팬데믹으로 관광 산업이 직격탄을 맞으며 호텔 사업의 수익성이 극도로 악화되는 상황을 겪으며 회사의 사업 전략을 변경했다. 메타플래닛은 2024년 4월부터 비트코인 축적을 시작했으며 초기 구매를 통해 비트코인을 핵심 재무 준비 자산으로 확립하기 위한 조치를 취했다.

메타플래닛은 지속적인 비트코인 확보를 목표로 하며 2027년까지 20만 BTC 이상을 보유하는 장기 계획을 가지고 있다. 회사는 '555

밀리언 플랜' 등을 통해 2026년 말까지 10만 개의 비트코인, 2027년 말까지 21만 개를 매입하여 비트코인 전체 발행량의 1%를 보유하는 것을 목표로 하고 있다. 2026년 2월 중순 기준으로 전체 DAT 기업 중 비트코인 보유 순위 4위로 35,102개를 가지고 있다. 일본 증시 내에서 비트코인 관련주 중 최고 수익률을 기록하는 결과로 이어졌다.

사이먼 게로비치Simon Gerovich 메타플래닛 CEO는 골드만삭스 일본 지사에서 주식 파생상품 트레이더로 근무한 금융 전문가 출신이다. 이후 레드 플래닛 호텔 체인을 창업하여 경영하다가 금융과 투자 전문성을 살려 회사의 비즈니스 모델을 전환한 것이다. 그는 "일본의 통화 가치 하락으로부터 주주 가치를 보호하는 유일한 길은 '비트코인 퍼스트Bitcoin First' 전략뿐"이라고 강조하며 매 분기 공격적인 비트코인 추가 매입을 실행했다.

2025년 말부터 2026년 초까지 암호화폐 시장이 횡보와 하락을 거치며 조정을 받고 있는 상황에서도 사이먼 게로비치 대표는 "회사의 전략에는 변화가 없다. 비트코인 매입을 계속하고 수익을 확대할 것"이라고 밝혔다. 2026년 2월 초 기준으로 메타플래닛의 비트코인 매입 단가는 10만 7,716달러로 알려져 있다.

사이먼 게레로비치, 메타플래닛 CEO, X 계정

미국의 의료 기술 기업인 셈러 사이언티픽[Semler Scientific] 역시 DAT 전략의 성공적인 모델로 평가받는다. 셈러 사이언티픽의 전략은 차별화된 '이중 동력 비트코인 재무 모델[dual-powered BTC treasury mode]'로 알려져 있으며 지능적인 레버리지를 활용해 수익을 증폭시키는 동시에 비트코인을 주요 재무 자산으로 공격적으로 축적하는데 초점을 맞추고 있다. 이 회사는 운영 현금 흐름, 전환사채, 시장가격매각[ATM] 주식 발행 등을 통해 2027년 말까지 105,000개의 BTC를 확보하는 것을 목표로 한다.

에릭 셈러[Eric Semler] 의장은 기술과 미디어 전문 헤지펀드인 'TCS 캐피탈'의 설립자다. 회사의 보수적인 자금 운용을 비판하며 비트코인 도입을 주도한 실질적인 설계자다. DAT 전략 도입 당시 CEO는 더그 머피-추토리안[Doug Murphy-Chutorian]이었으나 DAT 전략의 핵심은 에릭 셈러가 주도했다.

2024년 5월 28일, "비트코인은 희소하고 유한한 자산으로 시간이 지날수록 가치가 하락하는 현금을 보유하는 것보다 기업 운영에 훨씬 유리하다"며 기업 운용 현금 전액을 비트코인으로 전환하는 파격적인 결단을 내렸다. 셈러 사이언티픽은 본업인 의료 소프트웨어 사업에서 발생하는 현금 흐름을 매 분기 비트코인 매입에 투입하는 선순환 구조를 구축했다. 이는 중·소형 상장사가 영업 이익을 어떻게 가장 효율적인 가치 저장 수단으로 치환하여 기업의 내재 가치를 방어할 수 있는지를 보여주는 실질적인 표본이 되었다.

셈러 사이언티픽은 미국 자산운용사 캔터 피츠제럴드^{Cantor Fitzgerald} 등이 지원하는 스트라이브^{Strive}로 전액 인수 합병되는 계약을 체결했다. 스트라이브도 DAT 기업 전략을 추진하고 있었고 합병 발표와 함께 스트라이브는 비트코인 5,816개를 추가로 매입하기도 했다. 2026년 2월 중순 기준으로 스트라이브가 보유한 비트코인은 13,135개로 전체 순위에서 11위를 차지하고 있다. 2026년 1월 16일 스트라이브는 인수를 공식 완료했다. 셈러 사이언티픽과 스트라이브의 합병은 건실한 현금 흐름을 가진 DAT 기업이 몸집을 키워 더 큰 금융 자본과 결합한 성공적인 엑싯과 확장 사례로 평가할 수 있다.

Strive completes acquisition of Semler Scientific, triggers Nasdaq delisting

Investing.com   SEC Filings
Published: 01/16/2026, 05:03 PM

Investing.com

스트라이브, 셈러 사이언티픽 인수

한국 시장은 글로벌 가상자산 거래량의 상당 부분을 차지하는 중요한 시장임에도 불구하고 기업들의 직접적인 비트코인 보유는 복잡한 법적 규제와 회계적 불확실성으로 인해 거의 진행되지 못하고 있다. 2025년 하반기 '가상자산 이용자 보호법' 2단계 입법이 적극적으로 진행되고 기업의 가상자산 투자가 제도권 내에서 부분적으로 허용되면서 분위기가 많이 전환되었다.

글로벌 가상자산 금융 서비스 기업인 비트멕스BitMEX의 공동 창업자 아서 헤이즈Arthur Hayes는 2025년 수차례 한국을 방문하여 국내 주요 대기업 재무 담당자들을 대상으로 '디지털 자산 트레저리DAT'의 가능성을 역설했다. 그는 "한국처럼 수출 의존도가 높고 달러 유동성에 민감한 국가의 기업들은 비트코인을 비축하여 자본 시장의 변동성을 헷지해야 한다"는 논리를 전파했다.

2025년 한국판 스트래티지로 주목을 받았던 '비트맥스'는 비트코인 가격 하락과 함께 어려운 상황을 넘어가고 있다. 국내 상장사 중에서 가장 많은 비트코인을 보유하고 있으며 2026년 2월 중순 기준 비트코인 551개를 가지고 있으며 평균 매입 단가가 1억 4,686만 원이다. DAT 기업으로 전환하는 과정에서 비트코인 매입 방식에 대해서는 좀 더 살펴볼 부분이 있다. 뇌질환 치료제 개발 기업 앱튼은 2025년 7월 사업 목적에 가상자산 생태계 조성 사업을 추가한 뒤 비트코인과 이더리움을 매입했다.

국내 기업들의 DAT 전략에 따른 성과는 2025년 10월 초 비트코인이 최고가를 찍은 후 2026년 초반까지 하락과 횡보를 거듭하는 상황이라 실적이 좋지 않은 상황이다. 손실 구간에 빠진 한국 DAT 기업들이 다음 상승 전환까지 어떻게 대처할지, 비트코인을 장기 보유하기 위한 단기적인 자금 운영을 어떻게 효과적으로 운영할지 고민이 되는 상황이다.

톰 리와 비트마인의 이더리움 DAT 전략

2025년 6월 30일, JP모건 수석 주식 전략가인 톰 리[Tom Lee]가 비트코인 채굴 기업인 비트마인 이머전 테크놀로지[Bitmain, 이하 비트마인]의 이사회 의장으로 임명되었다. DAT 기업에 대한 열풍에 따라 비트마인이 전략적으로 톰 리를 영입한 것이다. 비트마인은 이너리움을 매입하는 것으로 기업의 디지털 자산 재무 전략을 실행하겠다는 계획을 밝혔다.

펀드스트랫[Fundstrat]의 공동 창업자이자 월가의 대표적 강세론자인 톰 리는 이전까지 기관 투자자들에게 비트코인을 자산 구조의 필수 요소로 리밸런싱 할 것을 강력히 권고해 왔다. 그는 2025년 리포트에서 "비트코인은 네트워크 효과에 의해 가치가 기하급수적으로 증가하는 단계에 진입했으며 이를 외면하는 기업은 자본 비용 측면에서 경쟁 우위를 상실할 것"이라고 말했다.

톰 리의 분석은 비트코인을 단순한 투기 자산이 아닌 '글로벌 유동성의 계측기'로 정의하며 많은 보수적 재무담당자들의 사고를 전환시키는 계기가 되었다. 암호화폐 가치에 대한 이해가 높았던 톰 리가 비트코인

다음으로 선택한 암호화폐가 바로 이더리움이다. 톰 리는 비트코인을 '디지털 금'으로, 이더리움을 '디지털 채권'으로 묘사하기도 했다.

톰 리 의장, CNBC 인터뷰 영상 캡쳐

톰 리는 스테이블코인은 가상자산의 챗GPT이고 대부분의 결제가 이더리움 생태계에서 이뤄지는 만큼 이더리움이 스테이블코인의 기반 인프라가 될 것으로 전망했다. 톰 리는 인터뷰를 통해 "실물자산토큰화 RWA 과정에서도 이더리움의 시가 총액이 늘어날 것"이라고 강조하며 이더리움에 대한 기대를 밝혔다. 비트마인은 이더리움을 공격적으로 매입하며 이를 스테이킹하여 연 3~4%의 추가 이자 수익을 창출하고 있다. 톰 리 의장은 2026년 이더리움이 7천~9천 달러선까지 상승하고 장기적으로는 2만 달러까지 도달할 것으로 전망했다.

비트마인은 1995년 설립되어 LA에 본사를 두고 있으며 비트코인 채굴과 호스팅에 주력했었다. 톰 리 의장을 선임한 후 '5% 연금술'

전략으로 전체 이더리움의 약 5%를 확보하여 장기 보유하는 것을 목표로 하고 있다. 2026년 초 기준으로 전 세계 이더리움 유통량의 약 3.58%에 달하는 약 432만 개의 ETH를 확보했다. 보유한 이더리움의 약 67%를 스테이킹하여 연간 약 2억 달러약 2,700억 원 이상의 현금 흐름을 창출하고 있다. 비트마인 이후 이더리움 보유를 주력하는 DAT 기업들이 등장하게 되었다.

DAT 전략과 기업 평가

DAT 성과를 평가하기 위해서는 '시장 순자산가치market net asset value, mNAV'라는 지표를 살펴볼 수 있다. 회사의 기업 가치를 보유한 디지털 자산 가치와 비교한 것이다. mNAV는 투자자들이 DAT에 어느 정도 프리미엄을 부여하는지 보여준다.

DAT 기업은 'ATMAt-The-Market 증자 프로그램'을 활용하여 암호화폐 보유를 늘릴 수 있다. 기업의 주가가 보유한 암호화폐의 순자산가치NAV보다 높을 때 DAT는 프리미엄이 붙은 가격으로 신규 주식을 발행해 자금을 조달할 수 있다. 이렇게 확보된 자금으로 DAT 기업은 더 많은 암호화폐를 매입할 수 있다. 스트래티지가 바로 이런 방식을 사용해 왔다.

맥쿼리는 이 방식에 대해 "이는 주당 암호화폐 수를 늘리는 피드백 순환을 만든다. 발행사는 주식을 발행해 자본을 조달하고 암호화폐를 추가로 매입하여 주당 순자산가치NAV가 증가하고 이는 다시 프리미엄을 키워 주주 희석이 오히려 '가치 누적'이 되는 구조"라고 설명했다.

스테이킹도 DAT가 사용하는 또 다른 전략이다. 스테이킹을 통해 암호화폐 보유자는 이자를 받듯이 수익을 얻을 수 있다. 스테이킹이란 투자자가 자신의 암호화폐를 특정 블록체인 네트워크에 일정 기간 '맡겨lock' 두면서 네트워크 운영을 돕는 것이다. 그 대가로 투자자는 추가 암호화폐 형태의 보상을 받는다. 스테이킹한 암호화폐를 해지언스테이킹하는데 수 주가 걸릴 수도 있어 유동성과 안정적인 자산 가치를 필요로 하는 ETF나 유사 상품은 스테이킹을 충분히 활용하기 어렵다.

만약 암호화폐 가격이 하락하면 mNAV가 1 아래로 떨어질 수도 있다. 이는 회사 주가가 보유한 암호화폐 가치에 비해 할인되어 거래된다는 뜻이다. 이 경우 몇 가지 문제가 발생할 수 있다. 캐럴 알렉산더 교수는 "암호화폐 가격이 떨어지면 DAT 기업들은 압박을 받게 되고 현실적으로 대응할 수 있는 옵션이 제한적"이라고 말했다. "어떤 DAT 기업은 암호화폐 가격이 하락할 때 장기적인 상승을 기대하며 매수 기회로 보고 포지션을 유지하거나 오히려 늘릴 수도 있다. 반대로 부채, 전환사채, 추가 주식 발행 등으로 자금을 조달한 기업들은 유동성 확보를 위해 보유하고 있던 암호화폐 일부를 팔 수밖에 없는 상황이 올 수도 있다"고 경고했다.

DAT 기업의 증가를 일부 투자 전략가들은 변동성 증가의 원인이 될 수 있다고 분석하기도 한다. 투자자 심리, 암호화폐 가격, 자본 시장 유동성이라는 핵심 변수 중 하나라도 악화되면 DAT 재무 전략이 흔들릴 수 있고 DAT 기업이 보유하고 있던 암호화폐가 매도 물량으로 나올 경우 연쇄적인 매도로 이어질 가능성도 있다. DAT 기업들은 다 같이 리스크를 줄이기 위해 HODL 전략으로 서로를 격려하고 있다.

시드니 파월 메이플 파이낸스 CEO는 "신규 암호화폐 비축 기업 설립

계획은 일부 연기될 수 있지만 글로벌 금융·결제 인프라가 블록체인 레일로 이동하는 흐름 자체는 되돌릴 수 없을 것"이라고 전망했다.

미국의 버거 체인인 '스테이크 앤 쉐이크'는 비트코인 전략을 강화하며 비트코인 보유량을 추가로 확보하여 약 167.7 BTC까지 늘렸다. 스테이크 앤 쉐이크는 2025년 5월부터 비트코인 결제를 도입했다. 직원들에게도 비트코인 보너스를 제공할 계획이다. 시간제 직원들에게 2026년 3월 1일부터 시간당 0.21 달러 상당의 비트코인을 보너스로 지급할 계획이며 지급 조건은 2년 간 보유하는 조건이다. 오프라인 서비스에서 비트코인 결제를 지원하고 비트코인을 계속해서 보유하는 전략이 더 확산될 것인지 지켜보는 것도 2026년의 관전 포인트 중 하나다.

출처 (References)

1. 공공 및 제도권 기관

미국 재무회계기준위원회 (FASB): "Accounting for and Disclosure of Crypto Assets (ASU 2023-08)", 2023.12. 발행, 2024.12. 시행.

2. 주요 뉴스 및 시장 분석

CNBC: "Digital Asset Treasury (DAT) companies explained", 2025.12.02 보도.

CNBC: "Wall Street strategist Tom Lee is aiming to create the MicroStrategy of Ethereum", 2025.06.30. 보도.

CoinDesk: "Ether (ETH) Treasury News: Tom Lee's BitMine (BMNR) Ramps Up Buying", 2025.12.08. 보도.

CoinDesk: "Strive tumbles 15% on shareholder approval of Semler Scientific (SMLR) acquisition", 2026.01.13. 보도.

CoinDesk: "'DeFi is dead' as trillion dollar market awaits onchain finance, says Maple Finance CEO Powell", 2025.12.21. 보도.

Yahoo Finance: "The Biggest Bitcoin and Crypto Treasury Plays of 2025.", 2025.12.22. 보도. DAT 기업 종합 분석.

Bitcoin Treasuries NET: 기업별 비트코인 보유 현황 추적 데이터베이스.

Bitbo: Bitcoin Treasuries 데이터. Strategy(MicroStrategy) 비트코인 보유 현황.

Bitcoin Treasuries NET: Metaplanet Inc. 비트코인 보유 현황.

The Block: Corporate Crypto Treasury Holdings 실시간 데이터.

CoinGecko: "Digital Asset Treasury Companies (DATCo) Report 2025.", 2025.11. 발행. DAT 기업 종합 리포트.

Bitcoin Mining Stock: Bitcoin Treasuries 데이터 및 분석.

Architect Partners: "Strive acquires Semler Scientific for $1.42B in all-stock transaction", 2025.09. 분석 보고서.

Phemex: "MicroStrategy's Bitcoin Bet: How Their Holdings Shape the Crypto World", 2026.02. 분석.

CoinLaw: "MicroStrategy Statistics 2026: Bitcoin Risks Now", 2026.01. 통계 분석.

Bitcoin Magazine: "Strategy Buys 1,286 BTC, Increases USD Reserve To $2.25B", 2026.01.06. 보도.

3. 기업 IR 및 공식 발표

Strategy (MicroStrategy): "Strategy Announces First Quarter 2025 Financial Results", 2025.05.01. 발표.

Strategy: 공식 비트코인 매수 현황 페이지.

Semler Scientific: "Semler Scientific Reports Second Quarter 2025 Financial Results", 2025.08.04. 보도자료.

Strive: "Strive, Inc. (Nasdaq: ASST) and Semler Scientific (Nasdaq: SMLR) Announce Shareholder Approval for Acquisition of Semler Scientific", 2026.01.13. 보도자료.

Metaplanet: 2025 회계연도 실적 발표 (CryptoTimes 보도), 2026.02.16.

Chapter 7

비트코인 투자 포트폴리오
설계와 자산 배분 전략

리스크 성향에 따른 비트코인 자산 리밸런싱 3가지 모델

　지금까지 살펴본 것처럼 비트코인은 더 이상 자산 리밸런싱 전략의 '선택'이 아닌 '필수' 요소로 자리 잡았다. 지난 수십 년간 투자자의 교과서와 같았던 전통적인 60/40 포트폴리오^{주식 60%, 채권 40%}가 고착화된 인플레이션과 글로벌 위기 상황에서 방어력을 상실하고 있어 기관들은 이를 대체할 새로운 자산 배분 표준 모델을 정립했다. 리스크 성향에 따른 비트코인 편입 비중은 이제 구체적인 수치로 표준화되어 세 가지 유형의 모델로 나누어 볼 수 있다. 아래는 피델리티의 '올인원^{All-in-One}' 펀드 모델 등을 통해 고객의 위험 성향에 따라 암호화폐를 1%, 2%, 3%로 배분하는 기준을 참고하여 재작성한 내용이다.

　첫째, 보수적 모델^{Conservative}은 투자 자산의 1~3%를 비트코인에 할당한다. 그동안 비트코인 투자를 하지 않았던 투자자들은 최소한의 비중으로 비트코인 투자에 관심을 가져보기 위한 구성이다. 비트코인을 투자 포트폴리오에 일단 담아두면 비트코인 관련 정보나 가격 변화에 대해서 체감할 수 있다. 이 모델의 목표는 수익 극대화가 아닌 '구매력

보존'이다. 전체 포트폴리오의 변동성을 크게 높이지 않으면서도 법정 화폐의 가치 하락에 따른 자산의 실질 가치 하락을 방어하는 헷지 자산으로서의 역할을 수행하는 모델이다.

둘째, 균형적 모델Balanced은 투자 자산의 3~5%를 비트코인에 할당한다. 피델리티Fidelity의 2025년 4분기 기관 투자자 보고서에 따르면, 기관 투자자의 약 68%가 비트코인 등 암호화폐에 이미 투자했거나 투자할 계획이 있다고 응답했다. 기관 투자자들의 약 70% 정도가 암호화폐 투자에 긍정적이라는 점에서 균형적 모델을 적극적으로 검토해 볼 필요가 있다. 이 모델은 비트코인을 통한 높은 기대 수익률을 활용하면서도 주식과 채권과의 낮은 상관관계를 통해 포트폴리오 전체의 하락 폭을 관리한다. 적절한 수익률과 안정적인 하락 방어를 위한 모델이다.

셋째, 공격적 모델Aggressive은 투자 자산의 5~10% 이상을 할당한다. 스트래티지나 실리콘밸리의 기술 중심 패밀리 오피스들이 취하는 전략으로 비트코인을 단순히 투자 자산의 일부가 아닌 부의 성장을 견인하는 '핵심 엔진'으로 설정한다. 이 경우는 비트코인 가격이 장기적으로 우상향 곡선으로 상승했다는 사실에 대한 확신을 바탕으로 일시적인 높은 변동성을 감수하면서 투자 자산을 암호화폐에 실질적으로 비중을 높게 가져가는 모델이다. 공격적 모델은 아무래도 장기 보유를 염두에 두고 투자하는 것이라 급하게 필요한 자금을 투자하기 보다는 정기 적금한다는 느낌으로 적립식 분할 매수로 실행하는 것을 추천한다.

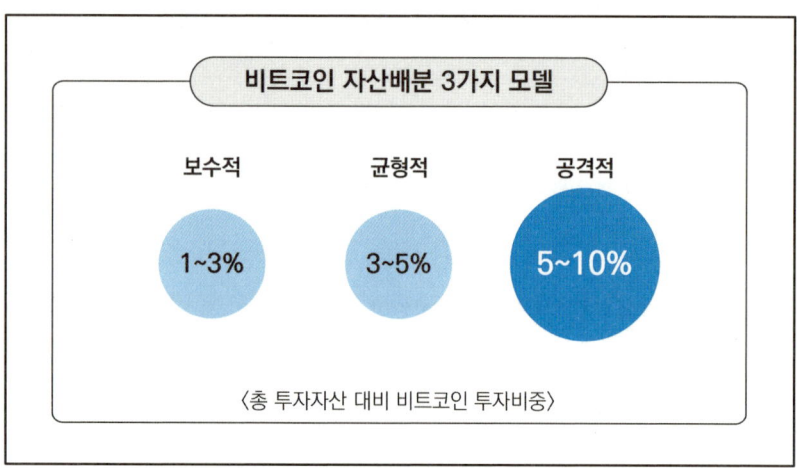

비트코인 자산배분 3가지 모델

개인 투자자들은 안전 자산으로 금을 선호하는 투자자가 있을 수 있다. 디지털 금이라고 부르는 비트코인에 대한 투자는 확실하게 개인 투자 성향에 따라 달라지는 듯하다. 그동안 필자 주변을 살펴봤을 때 금 투자를 선호하거나 비트코인을 선호하거나 거의 둘 중 하나에 대한 선호만 있는 경우가 대부분이었다. 필자도 금에 대한 투자에 특별히 거부감 있거나 싫어하지는 않는데 비트코인을 개인적으로 더 선호하는 경향에 따라 비트코인 투자를 주로 하게 되었다. 최근 RWA 시장 확대와 관련하여 금 가격에 연동하는 코인이 등장하여 금 투자에 대한 투자 관심을 금 연동 코인에 투자하는 것으로 대신하고 있다.

장기 투자자를 위한 정기 적립식 투자(DCA)의 수학적 우위

장기 투자자를 위한 정기 적립식 투자를 얘기할 때는 항상 DCA ^{Dollar-}

장기 투자자를 위한 정기 적립식 투자를 얘기할 때는 항상 DCA $^{Dollar\text{-}Cost\ Averaging}$라는 용어가 등장한다. 이론적인 의미는 자산의 가격이 오르든 내리든 상관없이 정해진 기간이나 날짜에 정해진 금액만큼 꾸준하게 투자하는 방식이다. DCA는 특정 시점의 가격에 구애받지 않고 매월 또는 매주 정해진 금액을 규칙적으로 매수하는 방식으로 이는 '시간 분산 전략'의 결정체라고 할 수 있다. 변동성이 큰 시장에서 가장 안정적으로 투자할 수 있도록 고안된 투자방식이다.

투자 금액을 정해 두었기 때문에 비트코인 가격이 높을 때는 적게 사고 비트코인 가격이 떨어졌을 때는 많이 살 수 있다. 시간이 지나면 비트코인 '평균 매수 단가'가 낮아지는 효과가 발생한다. 변동성이 상대적으로 큰 암호화폐 시장에서 개인 투자자가 거대 자본과 알고리즘을 가진 기관을 이길 수 있는 가장 강력한 무기는 정기 적립식 투자^{DCA} 방식이 될 수 있다.

수학적으로 DCA는 '평균 매입 단가 인하 효과$^{Cash\text{-}Cost\ Averaging\ Effect}$'를

창출한다. 가격이 하락할 때는 동일한 금액으로 더 많은 수량을 매수하고 가격이 상승할 때는 적은 수량을 매수하게 되어 결과적으로 시장의 평균 가격보다 낮은 단가를 형성하게 된다. 예를 들어 1월에 10만 원으로 10만 원인 A 코인 1개를 샀고, 2월에 A 코인 가격이 급락하여 5만 원이 되었다면 2개를 살 수 있다. 3월에 다시 A 코인이 10만 원으로 회복하여 1개를 샀다면 총 코인은 4개가 되고 A 코인 가격은 1월과 같은 가격의 10만 원인데 매입 평균 단가는 75만 원이 되어 33%의 수익률을 가지게 된다.

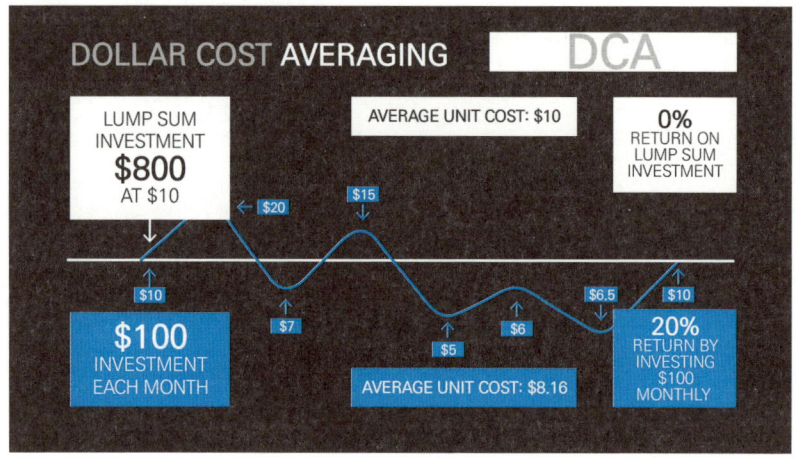

DCA 모델, 골드라인

비트코인 가격이 2025년 하반기부터 2026년 상반기까지 최고가 이후 하락과 횡보를 하는 상황에서는 평단이 낮춰진 것보다 비트코인 가격이 더 낮은 상황이라 단기적인 유동성에 따른 공포심이 생길 수 있다. 분할식 적립 투자를 할 때 규칙적으로 일정 기간에 일정 금액을 투자하는 방식도 활용할 수 있지만 하락장에서는 매수 간격을 좀 늦추고 상승장에서는 매수 간격을 조금 좁히는 자기 스타일에 맞추어 수정된 DCA 전략을 활용할 수도 있다.

DCA는 시장의 소음, 인간의 탐욕, 공포라는 감정을 제거하고 장기 투자에서 반드시 승리할 수 있는 유일한 수학적 필승법이라고 강조한다. 2025년 발생한 급격한 가격 조정기에서 DCA 투자자들은 오히려 '수량 확보의 기회'로 인식하며 시장에 머물 수 있었고 이는 장기적인 복리 효과의 기반이 되었다. 스트래티지의 정기적인 매수는 동일 금액으로 매수하는 것은 아니지만 적립식 분할 매수라는 전략을 가장 꾸준하게 확실하게 실행하면서 비트코인을 매수하는 대표적인 기업이기도 하다. 주식 시장에서도 섹터 주도주에 대해서는 분할 매수하라는 조언을 많이 하는 배경에는 DCA 기법이 있다.

DCA 투자 방식의 장점

DCA 투자 방식의 장점을 간단하게 살펴보자. DCA 방식은 장기적으로 투자의 평균 매입 단가를 낮출 수 있다. 시간이 지남에 따라 부를 축적하기 위해 정기적으로 투자하는 습관을 만들 수 있다. 규칙적으로 기계적으로 하는 방식이라 루틴을 만들어서 실행하면 투자 시기에 대한 고민을 획기적으로 줄일 수 있다. 너무 바쁜데 투자는 계속하고 싶은 환경에 있다면 DCA 방식을 적극적으로 검토하자. 가격이 이미 오를 때 FOMO로 추가 매수하는 등 시장 타이밍의 함정에서 벗어날 수 있고 감정적인 투자를 최대한 줄일 수 있어 감정 매매에 의한 잠재적 손실을 방어할 수 있다. DCA 투자 방식에 대해서는 좋은 자료들이 많이 있으니 추가적으로 살펴볼 것을 추천한다.

'고래'들의 물량이 거래소에서 움직일 때 주의

온체인 데이터의 진정한 가치는 블록체인상의 모든 거래가 투명하게 공개된다는 폐쇄성 없는 데이터의 특성에 있다. 크립토퀀트 ^{CryptoQuant}와 글래스노드^{Glassnode}가 실시간으로 추적하는 '고래^{1,000 BTC 이상 보유자}'들의 움직임은 시장의 공급 체계에 큰 영향을 미치는 매우 중요한 신호다.

크립토퀀트는 글로벌 온체인 데이터 기업으로 거래소 보유량과 입출금 데이터가 빠르고 정확한 것으로 잘 알려져 있다. 핵심 차트는 '거래소 비트코인 보유량^{Exchange Reserve}' 지표로 현재 시장의 매도 압력을 예측할 수 있는 중요한 지표다. (https://cryptoquant.com)

**비트코인 거래소 보유량과 비트코인 가격 그래프, 크립토퀀트,
2026년 2월 18일 기준**

비트코인 관련 기사 중에서 고래들이나 기관의 비트코인이 주요 거래소로 이체가 되었다는 뉴스가 나오면 관심을 가지고 지켜봐야 한다. 뉴스 기사에서 크립토퀀트의 자료를 인용해서 거래소 비트코인 보유량의 변화에 대해서 소개할 때가 자주 있다.

거래소 보유량이 지속적으로 감소한다는 것은 투자자들이 비트코인을 장기 보관용 개인 지갑Cold Wallet이나 제도권 수탁기관으로 옮기는 것을 의미한다. 이런 활동은 시장의 비트코인 유통 공급량을 줄여서 가격 상승의 선제적인 신호로 해석될 때가 많다. 고래들이 거래소로 대규모 이체를 시작한다면 이는 수익 실현을 위한 대기 물량의 이동으로 해석할 수 있다. 고래들의 거래소 자금 이동을 언급하는 게시글과 뉴스와 해당 움직임에 대한 해석은 우선적으로 참고할 필요가 있다.

개인 투자자를 위한 비트코인 투자 전략

비트코인 투자 초보자를 위해 몇 가지 참고할 사항들을 정리해 본다. 비트코인 투자를 처음으로 시작한다면 일단 무리하지 말고 소액으로 시작한다. 암호화폐 투자는 다소 높은 변동성을 버틸 수 있는 마음의 준비가 필요하다. 블록체인 기술 자체는 안전하다고 말할 수 있지만 일부 거래소와 지갑은 해커의 공격에 취약할 수 있다.

암호화폐 투자는 인플레이션을 헷지할 수 있는 좋은 투자 수단이라는 정도만 확인하고 시작해도 좋다. 우리의 투자 자산들이 모두 현금의 가치 하락을 헷지하기 위한 수단이기 때문이다. 암호화폐는 빠르게 성숙하고 있으며 이제 전통 금융 서비스에서 적극적으로 수용하고 연동하는 금융 상품이자 투자 자산이다. 한 번도 비트코인에 투자하지 않았으면 불안한 마음이 있을 수 있다. 기관 투자자들의 행보를 보면서 마음의 위안을 얻는 방법을 추천한다. 코인게코^{CoinGecko}에 따르면 모든 암호화폐 전체 시가 총액이 2025년 7월 처음으로 4조 달러를 돌파했다. 개인과 기관 투자자 모두의 관심이 커지고 있음을 알 수 있다.

암호화폐에 투자할지 여부는 각 투자자의 개인적인 위험 감수 정도, 수익률 목표, 암호화폐에 대한 사전 지식과 투자 경험의 수준에 따라 모두 달라질 수 있다. 암호화폐 시장이 낯설고 높은 변동성이 위험해 보이고 실체가 잘 보이지 않아서 의심이 된다면 그냥 전통 금융 서비스 내에서 투자해도 괜찮다. 시간이 더 필요한 것뿐이다. 반대로 위험 감수를 어느 정도 할 수 있고 변동성에 대해서도 너무 감정적으로 휘둘리지 않고 장기 투자에 관심이 있고 앞으로 더 빠르게 성장하는 투자 자산에 관심이 있다면 현재 투자하고 있는 투자 자산에서 일부 비중을 암호화폐로 다각화 해 보는 리밸런싱 투자 전략도 나쁘지 않다.

암호화폐 투자를 처음한다면 일단 비트코인이나 이더리움 중에서 선택할 것을 추천한다. 비트코인은 가치 저장 수단 또는 '디지털 금'으로 여기며 투자하는 사람들이 있고 결제 수단으로도 쓰이고 중개자 없는 송금을 지원하는 자산이다. 이더리움은 스마트 컨트랙트 활용, 탈중앙화 금융DeFi 지원, 스테이블코인과 RWA 생태계에서도 중요한 역할을 하는 자산이다. 솔라나나 XRP도 먼저 잘 살펴보고 투자를 검토하길 바란다. 그 외의 알트코인들은 국내외 주요 거래소에 일단 상장된 상황을 먼저 확인하고 미리 공부를 좀 하고 투자 결정을 하는 것을 추천한다.

아래는 토큰에 투자할 때 체크해야 할 기본적인 항목들이다. 아래 항목들은 찰스 슈왑에서 암호화폐 초보 투자자들을 위해 정리한 내용을 참고하여 소개한다.

- **토큰 공급량**: 해당 암호화폐의 전체 코인 발행량
- **네트워크 수수료**: 해당 암호화폐를 블록체인에서 거래할 때 사용자가 지불해야 하는 비용

- **토큰 배분 구조**: 설립자, 개발자, 투자자, 일반 커뮤니티 구성원 사이에 토큰 공급 계획 확인하기
- **소각 메커니즘**: 전체 공급을 줄이기 위해 토큰을 블록체인에서 영구히 제거하는 과정
- **인플레이션/발행률**: 시간에 따라 새로운 코인이 블록체인에 발행되며 전체 공급량이 증가하는 속도
- **베스팅 일정과 언락 이벤트**: 초기 투자자나 창립자가 보유한 코인을 언제 시장에서 매도할 수 있는지 정리한 일정

본인이 이해하고 있는 암호화폐에 대해서만 투자하고 잃을 수도 있다고 생각하는 범위의 자금으로 투자하는 것이 바람직하다. 주식 투자와 크게 다르지 않다. 비트코인이나 이더리움처럼 잘 알려지고 전통 금융권에서도 계속 채택하고 있는 암호화폐에 투자하는 것과 밈 코인이나 완전 신생 코인처럼 매우 변동성이 높은 고위험 투자 자산에 투자하는 것은 큰 차이가 있다.

암호화폐에 투자 경험이 많지 않은 상태에서 암호화폐 투자에 너무 많은 비중을 싣는 것은 바람직하지 않다. 물론 초기부터 많이 투자하는 사람도 많지 않을 것이겠지만 다시 한번 강조한다. 장기 투자를 해야 하는 자산이니 천천히 조금씩 투자하면서 시간과 경험이 쌓이면서 서서히 투자 비중과 규모를 늘려가는 것을 추천한다. 암호화폐 투자 커뮤니티에서는 보통 매수 후 장기 보유 전략을 추천한다. 장기적으로 블록체인 기술의 확산과 채택이 계속될 것이라는 전망에 베팅하는 것이다. 자신이 투자한 암호화폐의 펀더멘털에 더 집중하며 일일 가격 변동에는 상대적으로 덜 민감한 경향이 있다.

암호화폐로 단기 트레이딩을 하는 사람들도 있다. 암호화폐 투자 경험도 많고 차트, 기술 지표, 추세, 관련 뉴스, 온체인 데이터 등을 기반으로 비교적 단기간에 빠르게 매매를 하는 투자자들도 있다. 이런 투자 방식을 하기 위해서는 상시 모니터링이 필요하다. 어느 전략이 옳다고 할 수는 없지만 암호화폐 초보 투자자분들이라면 좀 더 느긋하게 매수 후 장기 보유와 적립식 분할 매수라는 투자 전략으로 시작하면 되겠다. 위에서 설명한 DCA 전략도 괜찮고 한국 투자 시장에도 비트코인이나 이더리움 현물 ETF가 상장되거나 미국에 상장된 암호화폐 현물 ETF 거래가 가능해지면 현물 ETF에 투자하는 것도 좋은 방법이 될 것이다. 암호화폐 현물 ETF 거래 승인이 나기 전까지는 스트래티지MSTR, 코인베이스COIN, 서클CIRCLE, 비트마인BMNR 등 암호화폐 관련한 상장 주식을 매수하여 간접 투자하는 방법도 있다. 더 경험이 쌓이면 가상자산 거래소에 계좌를 만들어서 비트코인이나 이더리움 등의 암호화폐를 직접 매수하면 된다.

암호화폐 가격은 24시간 확인할 수 있기 때문에 초기 투자할 때는 밤잠을 설치지 않고 낮에도 수시로 가격 확인을 하지 않아도 되고 마음이 불안하지 않을 정도의 금액으로 시작할 것을 다시 한번 강조한다. 거시 경제에 대한 기본적인 뉴스, 투자한 암호화폐에 대한 뉴스, 현물 ETF 자금 현황, 매매를 위한 사전 시나리오 설정, 꾸준한 투자 관련 학습 등을 병행한다면 암호화폐 투자가 꽤 괜찮은 투자가 될 수 있을 것이다.

가치 기반 분할 매수 전략과
포트폴리오 리밸런싱 원칙

비트코인 투자 경험이 있고 장기 보유 중이라면 투자 전략에 살짝 변화를 줄 수도 있다. DCA 투자 방식을 어느 정도 실행해 본 적이 있거나 실행하고 있다면 적립식 분할 매수 투자 방식에 약간의 변화를 줄 수 있다. 단순 적립을 넘어 수익률을 높이기 위해서는 거시 경제 지표와 온체인 데이터를 참고하여 '가치 기반 분할 매수Value Averaging'와 적절한 리밸런싱을 병행하는 것을 추천한다. 가치 기반 분할 매수란 비트코인의 내재 가치를 나타내는 지표인 MVRV Z-Score나 실현 가격Realized Price을 기준으로 매수 강도를 조절하는 전략이다.

예를 들어, 자산이 극도로 저평가된 구간Z-Score 0 이하에서는 평소 적립액의 2배를 매수하고 과열 구간Z-Score 7 이상에서는 매수를 잠시 중단하거나 보유 비중의 일부를 수익 실현하여 고점 이후의 조정장에 대비하는 방식이다. 이 전략은 시장의 저평가 구간을 적극적으로 공략하여 장기 수익률을 극대화한다.

포트폴리오 리밸런싱은 자산의 투자 비중을 원래 설계했던 목표 비율로 재조정하는 과정이다. 2025년 10월 초, 비트코인이 126,000달러를 돌파하며 최고가를 달성했을 때 포트폴리오 내 비트코인 비중이 설정치 10%를 넘어 20% 가까이 자산이 증가했다면 초과분인 10%를 매도하여 다음 투자를 위해 현금을 확보하거나 주식 시장 우량주를 매수하여 포트폴리오를 확장할 수 있다.

포트폴리오의 정기적, 기계적 리밸런싱은 상승장에서 자연스럽게 '고점 매도Sell High'를 통한 수익을 실현하고 하락장에서 비중이 낮아진 자산을 '저점 매수Buy Low'하여 평단을 낮추는 자동화된 방식이다. 리밸런싱이 익숙해지면 투자자는 더 이상 변동성을 두려워해야 할 위협이라고 생각하지 않고 높은 가격대에서 수익을 실현하고 낮은 가격대에서 비트코인 수량을 늘리는 기회로 활용하는 고도의 투자 기술을 활용할 수 있다.

비트코인 시장의 높은 변동성은 대응 전략이 없는 투자자에게는 탐욕과 공포가 반복되는 어려운 투자 사이클이 반복된다고 느낄 수 있지만 대응 전략을 미리 준비한다면 수익률을 높이는 변동성 활용의 기회가 되기도 한다. 최근 변동성을 높이는 주요 변수로는 거시 경제 지표, 관세 리스크, 글로벌 지정학적 위기, 금리 정책, 엔 캐리 트레이드, 암호화폐 정책의 발표와 지연, 기관 투자자들의 동향, 온체인 데이터 동향, 트럼프 리스크 등이 있다. 모든 변수들을 다 살펴볼 수는 없겠지만 각자가 이해할 수 있는 범위의 변수는 미리 챙겨보면서 해당 변수에서 변화가 생겼을 경우에 어떻게 투자로 대응할 것인지 시나리오를 미리 검토해 둘 것을 추천한다.

투자는 예측이 아니라 대응이라는 투자 선배들의 조언은 금과옥조와도 같다. 대응 시나리오가 없다면 결국 탐욕과 공포의 감정에 휘둘릴 수밖에 없다. 가격이 떨어지는 것이 공포로 다가오느냐 분할 매수로 평단을 낮출 기회로 다가오느냐의 차이다. 비트코인은 테마주가 아니기 때문에 가격이 떨어질 때의 롤러코스트 타는 느낌이 들지만 다시 올라갈 수밖에 없는 구조를 이해하면 스릴을 즐길 수 있다. 개인적으로 무작정 버티고 기다리라는 것은 아니고 자신이 설정한 시나리오에 따라 어떤 가격대로 떨어지면 몇 % 정도 매도 후 다음 상승 추세를 기다린다. 떨어진 후 어떤 상승 모멘텀이 오면 다시 추가 매수로 들어간다는 시나리오를 설정해 두고 따르는 전략이 필요하다는 것이다.

이전 고점에서 10% 이상 하락하면 몇 % 매도하겠다 이전 저점에서 몇 5% 이상 상승하거나 몇 거래일 연속 상승하면 몇 % 매수하겠다. 120일 이평선 아래로 내려가면 전량 매도하고 기다리겠다. 다시 120일 이평선 위로 올라가기 시작하면 이전 매도 물량의 50%를 매수하면서 시장 추세를 따라가겠다. 비트코인 현물 ETF의 순유입이 2거래일 연속되면 순유입 금액에 비례하여 몇 % 매수하겠다. 비트코인 현물 ETF에서 순유출이 2거래일 연속되면 순유출 금액에 비례하여 몇 % 매도하겠다는 등의 매매 시나리오를 설정해 둘 수 있다.

변동성을 활용한 리밸런싱을 실행하는 방법으로는 '밴드Band 리밸런싱'이 있다. 단순히 매달 1일처럼 날짜를 정해두고 하는 정기 리밸런싱과 달리 자산 비중이 목표치에서 예를 들어 +/- 20% 이상 차이가 발생할 때만 실행하는 방식이다. 비트코인의 목표 비중이 50%라면 다른 암호화폐 가격 상승이나 비트코인의 가격 하락으로 인해 비중이 줄어들 때 리밸런싱을 한다. 반대로 비트코인 가격이 상승하여 비중이 몇 % 이상이 되면 수익 실현을 하고 다른 암호화폐 비중을 늘리는 방식으로 리밸런싱할 수 있다. 개인 투자자들은 기관 투자자들과 달리 분기별, 반기별, 연간 수익률 성과 보고 같은 것을 할 필요가 없기 때문에 기간별 리밸런싱보다는 밴드 리밸런싱 전략을 활용하는 것이 더 유리할 수 있다.

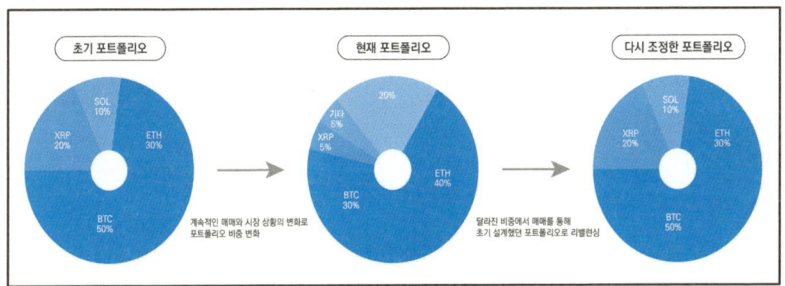

리밸런싱 방법

이 기술은 자산의 추세가 길게 이어질 때 수익을 끝까지 향유하게 해주며 추세가 완전히 꺾이는 변곡점에서만 대응하게 하여 불필요한 거래 비용과 세금을 줄여준다. 골드만삭스의 2026년 전략 보고서에 따르면, 밴드 리밸런싱을 적용한 비트코인 혼합 포트폴리오는 정적 보유 대비 연간 약 3.8%의 추가 수익Alpha을 창출한 것으로 나타났다. 이는 변동성이라는 파도를 수익으로 치환하는 현대 금융공학의 승리다.

신호와 소음의 구분: 실현 가격과 MVRV 지표

수많은 데이터와 뉴스와 유튜브 영상의 정보 홍수 속에서 '신호Signal와 소음Noise'을 구분하여 판단하는 것은 뉴스와 데이터를 활용할 때 가장 기본이 되는 투자 활동이다. 단기적인 가격 등락에 대해 확신에 찬 예측이나 소셜미디어의 자극적인 루머는 투자 심리를 요동치게 만든다.

이를 극복하기 위해서 '실현 가격Realized Price'과 'MVRVMarket Value to Realized Value'라는 지표를 참고할 수 있다.

실현 가격은 지금 비트코인을 보유하고 있는 전 세계 모든 사람들의 '평균 매수 단가'는 얼마인가를 보여주는 수치다. 우리가 흔히 거래소에서 보는 '시장 가격Market Price'은 가장 마지막에 체결된 1개의 거래 가격일 뿐이다. 실현 가격은 블록체인상에 존재하는 모든 비트코인의 가치를 각각의 코인이 '마지막으로 이동했던 시점'의 가격으로 책정하여 합산한 뒤 평균을 낸 것이기 때문에 시장 참여자들의 실제 평균 매수 단가를 의미한다.

예를 들어, A라는 비트코인이 2만 달러일 때 지갑으로 들어와서 지금까지 안 움직였다면 이 비트코인의 가치는 현재 시장 가격이 아니라 2만 달러로 계산한다. B라는 비트코인이 최근 시장 가격이 9만 달러일 때 거래가 되었다면 이 비트코인은 9만 달러로 계산한다. 이 두 거래만으로 실현 가격을 표현하자면 (20,000 + 90,000) / 2가 되어 5만 5천 달러가 된다. 이렇게 모든 코인의 '매수 당시 가치'를 다 더한 것이 실현 시가 총액이다. 현재의 시장 가격이 아니라 매수 참여자들이 실제로 비트코인을 구매하기 위해 지불한 원금의 총 평균을 나타낸다. 실현 가격은 시장 전체의 손익 분기점 역할을 하므로 투자자들의 심리에 큰 영향을 미친다. 시장 가격이 실현 가격 아래로 떨어지는 하락장은 역사적으로 최후의 바닥 상태가 되므로 실현 가격선에서 강력한 심리적, 기술적 반등이 일어날 가능성이 크다.

시장 가격을 실현 가격으로 나눈 MVRV(= 시장 가격 / 실현 가격)는 실현 가격에 대한 이해를 더 쉽게 할 수 있도록 만든 지표다. MVRV가 1.0

이하면 시장 가격이 실현 가격보다 낮다는 뜻이다. 저평가 구간으로 강력한 매수 구간이 될 수 있다. MVRV가 3.5 라면 시장 가격이 실현 가격보다 3.5배 높다는 의미다. 역사적으로 얼마나 고평가 구간인지 살펴보고 이익 실현을 검토할 수 있다.

MVRV 비율, 크립토퀀트

암호화폐 포트폴리오 편입이
샤프 지수에 미치는 영향

　자산 리밸런싱 전략의 성패를 가르는 최종적인 과학적 지표는 샤프 지수 Sharpe Ratio다. 샤프 지수는 노벨 경제학상 수상자인 윌리엄 샤프William Sharpe가 고안한 지표로 '위험변동성 1단위당 창출한 초과 수익'을 의미한다. 샤프 지수가 높을수록 적은 위험으로 높은 초과 수익을 달성한 매우 효율적이고 우수한 포트폴리오라는 것을 의미한다.

　2025년 4월 피델리티 보고서에 따르면 2024년 비트코인 현물 ETF 승인 이후 비트코인 가격 하락폭이 크더라도 장기적인 관점에서 주식보다 월등히 높은 위험 조정 수익을 제공한다고 분석했다. 다각화된 포트폴리오에 비트코인을 추가한 투자자들은 S&P 500 지수 단독 투자보다 더 높은 샤프 지수를 기록하며 적은 비중1~3%으로도 은퇴 자산 포트폴리오에 긍정적인 영향을 미친다고 강조했다.

피델리티 리밸런싱

2025년 6월 비트와이즈 보고서에 따르면 비트코인은 변동성이 크지만 전통 자산주식, 채권과 움직이는 방향이 달라낮은 상관관계 포트폴리오 효율성을 높인다고 한다. 전통적인 60/40주식 60%, 채권 40% 포트폴리오에 비트코인을 5% 편입하고 주기적으로 리밸런싱을 한 결과 전체 변동성은 크게 늘지 않은 반면 샤프 지수는 0.85에서 1.51로 두 배 가까이 급등했다는 것이다.

비트와이즈 리밸런싱

2026년 2월 인터랙티브 브로커스Interactive Brokers 자료에 따르면 비트코인의 변동성이 점차 축소되며 기관 투자자들의 핵심 자산 포트폴리오 모델에 안착하고 있다는 설명이다. 글로벌 60/40 포트폴리오의 기본

샤프 지수는 0.52지만 비트코인을 1% 추가하면 0.59로, 3% 추가하면 0.70으로, 5% 추가하면 0.80으로 샤프 지수가 기계적으로 상승하는 결과를 보여 주었다.

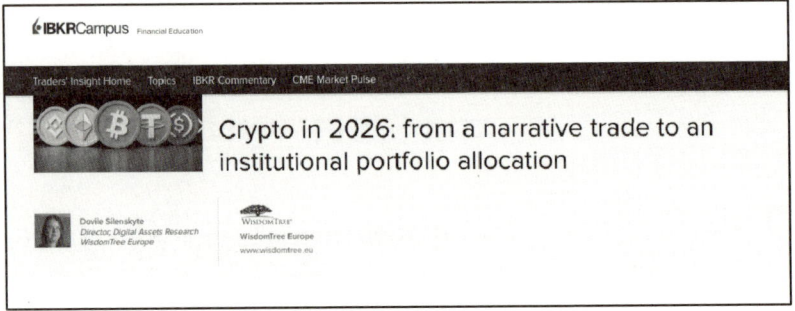

IBKR 리밸런싱 기사

이 보고서에서는 암호화폐가 '투기적인 내러티브'에서 구조화된 기관 자산 포트폴리오 대상으로 이동하고 있으며 실행의 질이 성과를 좌우하는 국면에 접어들었다는 점을 강조한다. 암호화폐가 핵심 자산 포트폴리오 모델에 편입되면서 작지만 체계적인 비중 배분이 위험 조정 수익을 개선할 수 있다는 결과들이 나오고 있어 암호화폐 편입은 단순히 가능하다는 차원을 넘어 점점 필수적인 조건으로 바뀌고 있다는 분석 이다. 암호화폐를 하나의 포트폴리오 자산으로 보고 의심을 버리고 의도적으로 비중을 정하여 엄격한 리밸런싱 룰에 따라 관리하는 것이 경쟁력이라는 관점이다.

전반적인 암호화폐 산업은 개인 투자자들이 주도하며 급등과 폭락을 반복하던 단계를 벗어나고 있으며 블록체인 네트워크는 대체적으로 잘 작동하고 규제는 후퇴가 아닌 정비 방향으로 정리되고 있으며 자본도 점점 기관 자본처럼 작동하고 있다는 것이다. 이렇게 되면서 암호화폐 투자에 대한 게임의 규칙이 바뀌고 있다. 토론의 중심이 "암호화폐를 보유해야 하는가?"에서 "어떻게 효과적으로 리밸런싱 할 것인가?"라는 쪽으로 옮겨갔다. 자산의 리밸런싱은 이미 시작되고 있다는 의미다.

비트코인의 경우는 확실하게 장기 보유 성향이 강한 기관 투자자 중심으로 재편이 되면서 변동성이 줄어들고 있다. 비트코인 현물 ETF 출시 후 주식 시장을 통해 비트코인을 보유하는 투자가 늘어나면서 급격한 변동폭은 상당히 감소되었다. 클래리티 법안과 같이 시장 규제의 불확실성을 정리해 주면 더 많은 기관 투자자들이 예측 가능한 범위에서 투자를 진행할 수 있다. 비트코인의 보유에 대한 기관 비중이 높아질수록 변동성은 더 낮아질 것으로 분석했다.

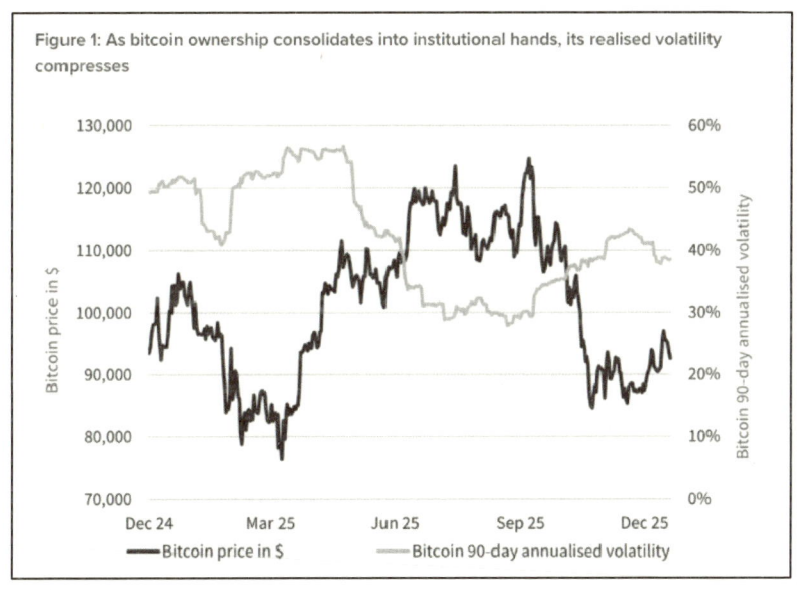

비트코인 변동성 감소, 출처: IBKR

이더리움은 점점 사용량에 연동된 수수료, 스테이킹 수익, 수수료 소각 메커니즘을 결합하여 더 매력적인 디지털 자산으로 입지를 강화하고 있다. 차츰 솔라나나 XRP도 현물 ETF의 거래 활성화와 함께 자산 포트폴리오의 비중을 높여갈 가능성이 크다. 스테이킹 자체가 변동성을 줄이는 것은 아니지만 수익률에 기여하는 바가 있기 때문에 포트폴리오에 넣느냐 안 넣느냐의 문제가 아니라 비중을 어떻게 구성하느냐의 이슈가 되고 있다. 스테이킹 덕분에 암호화폐가 무수익 자산에서 소득을 창출하는 자산으로 바뀌고 있다는 점에서 이더리움과 솔라나도 주목할 만하다.

최근 기사 내용에서 언급된 사항으로 주식—채권의 상관관계에 금이 가고 있다는 부분이 눈에 띈다. 글로벌 지정학적 리스크와 관세를 포함한 무역 전쟁으로 인해 미국 국채의 위상이 흔들리고 있다. 중국, 캐나다, 유럽 등에서 미국 국채를 줄일 수 있다는 언급이 심심치 않게 보도되고 있는 상황이다.

이제 비트코인을 전혀 보유하지 않는 투자 포트폴리오는 리스크 대비 수익률을 포기하는 비합리적이고 비과학적인 결정으로 간주될 수 있다. 앞으로의 자산 배분은 이제 얼마나 많은 위험을 감수하느냐가 아니라 비트코인을 통해 얼마나 효율적으로 위험을 관리하느냐의 관점으로 바뀌고 있다.

비트코인 중심의 핵심-위성
(Core-Satellite) 자산 배분법

    좀 더 적극적으로 투자할 때 포트폴리오 구조는 '핵심—위성Core-Satellite' 전략을 활용할 수 있다. 이 전략은 포트폴리오의 중심Core을 안정적이고 신뢰도 높은 기저 자산으로 채우고 주변부Satellite를 높은 수익성을 기대할 수 있는 공격적 자산으로 구성하여 안정성과 성장성을 동시에 잡는 방식이다. '핵심—위성 전략'은 투자업계에서 기관 투자자와 개인 투자자 모두에게 널리 쓰이고 추천되는 포트폴리오 운영 방식 중 하나다. 이 전략은 안정성과 초과 수익이라는 두 마리 토끼를 동시에 잡기 위해 고안된 전략이다.

    핵심Core은 "잃지 않는 투자의 방패" 역할을 하며 투자 비중은 70~80% 수준이다. 시장 전체를 따라가는 패시브 투자를 지향한다. 수수료가 낮고 변동성이 상대적으로 적은 상품을 선택한다. S&P500 SPY ETF, 나스닥 QQQ ETF, 코스닥150 ETF 등을 장기 보유하며 적립식 투자를 하며 잦은 매매를 하지 않는다. 위성Satellite는 "수익을 극대화하는 창" 역할을 하며 투자 비중은 20~30% 수준이다. 특정 테마나 종목을 선택하는 액티브 투자 방식으로 시장 평균 이상의 초과 수익Alpha, 알파을 노리는 공격적인 투자 방식이다. 변동성 위험이 크지만 가격이 상승하면 수익률이 높다. 시장 상황에 따라 유연하게 대응하면서 적절한 타이밍에 매매를 한다. 개별 대표 성장주나 관심 있는 특정 섹터 ETF 등에 투자한다. 핵심 자산이 생존을 책임진다면 위성 자산은 자산의 크기를 키우는 '알파Alpha'를 제공한다.

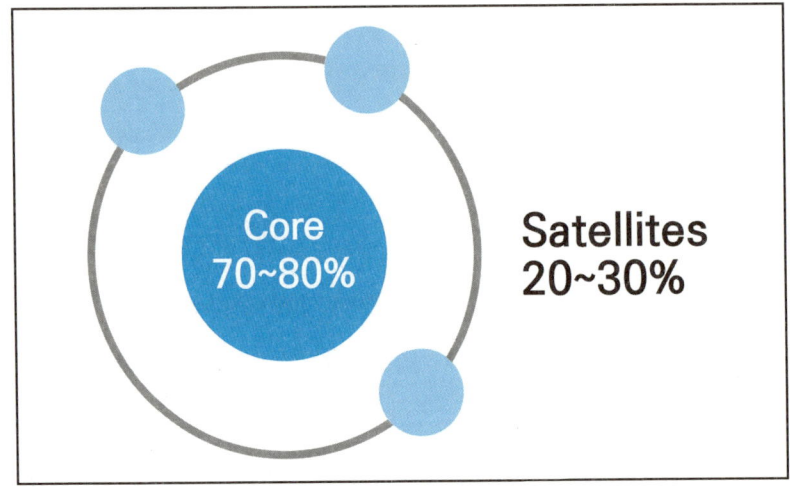

핵심-위성 포트폴리오

포트폴리오의 70~80%를 차지하는 핵심 자산에는 비트코인BTC 현물 ETF와 미국 대형주 위주의 인덱스 펀드, 고배당주를 담을 수 있다. 비트코인은 핵심 자산 내에서도 인플레이션에 강한 디지털 기본 자산 역할을 수행하며 포트폴리오의 중심을 잡는다. 나머지 20~30%인 위성 자산은 이더리움ETH, DAT 기업 주식, 비트코인 채굴 기업 주식, 디지털 자산과 인공지능이 결합된 섹터의 ETF를 담을 수 있다. 이렇게 포트폴리오를 구성할 경우 비트코인의 견고한 성장을 기반으로 하면서 시장의 새로운 기술 트렌드에서 발생하는 빠른 성장의 수익 기회도 놓치지 않는 구성이다. 구체적인 섹터와 개별 종목의 선정은 각자 자신이 잘 아는 분야를 우선적으로 선택하는 것이 좋다. 거시 경제 지표와 글로벌 지정학적 위기는 언제나 있기 때문에 자신의 예측을 벗어나는 리스크에 대해서는 항상 가능성을 열어 두고 투자 비중을 결정해야 한다는 것을 다시 한번 강조한다.

블록체인 산업 분야에서 DePIN^{탈중앙화 물리적 인프라} 생태계가 주목을 받을 때 핵심-위성 전략을 구사한다면 비트코인을 핵심 자산으로 유지 하면서 DePIN 관련 코인 프로젝트를 위성 자산으로 담아서 추가적으로 높은 수익률을 달성할 수 있었다. 탈중앙화 물리적 인프라^{DePIN}의 이전까지 방식이 통신망, 전력망, 클라우드 서버를 직접 대규모 인프라로 구축하는 것이었다면 각 개인들의 유휴 자원들^{저장공간, 무선 인터넷 전기 등}을 공유하여 가상의 대규모 네트워크를 구축하고 참여자들에게 암호화폐로 보상하는 방식이다. 구체적인 프로젝트로는 헬륨, 파일코인, 하이브맵퍼 등이 있다. 하이퍼맵퍼 같은 경우는 자동차용 블랙박스를 활용하여 지도 데이터를 구축하는 프로젝트다. 알트코인 프로젝트 중에서도 시대의 트렌드를 잘 따르는 프로젝트를 발굴하여 투자할 수 있다. DePIN, 인공지능, RWA 키워드로 소개되는 프로젝트는 알파를 위해서 꾸준하게 살펴볼 필요가 있다. 직접 투자할 수 있는 투자 상품을 고르는 것에는 국내 가상자산 거래소 상장 여부에 따라서 까다로울 수도 있지만 투자 시장의 흐름을 읽는다는 관점에서는 매우 중요하다.

안전자산으로서 금과 비트코인의 투자 전략

비트코인이 투자 상품으로 주목을 받기 시작한 이후로 끊임없이 반복되는 몇 가지 논쟁 중 가장 잘 알려진 논쟁이 바로 비트코인은 '디지털 금'인가에 대한 논쟁이다. 비트코인을 디지털 금으로 비유하면서 '가치 저장 수단'으로서 새로운 안전자산이라는 위치를 강조하는 입장이 있는 반면 여전히 변동성이 높은 대표적인 위험 자산이라는 주장이 팽팽하게 맞서고 있다. 사실 조금만 들여다보면 비트코인은 여전히 변동성이 큰 위험 자산의 성격도 가지고 있고 현금 가치 하락을 헷지할 수 있는 새로운 안전자산으로서의 성격도 동시에 가지고 있다.

금과 비트코인의 안전 자산 자격에 대한 여러 가지 의견에 대해서 간단히 정리해 본다. 듀크 대학교의 캠벨 하비Campbell Harvey는 비트코인이 '안전자산Safe haven'으로서 금의 진정한 경쟁 자산인지 조사했다. 두 자산 모두 가치 저장 수단으로 잠재적 헷지 수단으로 투자자들이 고려해왔지만 캠벨 하비의 분석에 따르면 위기 상황에서는 금이 더 안정적인 역할을 유지한다는 사실을 보여주었다. 디지털 자산으로 급부상한 비트코인은 금이 겪지 않아도 되는 고유의 시스템적 기술적 위험을 가지고 있다. 한 때 동조화되어 움직였던 금과 비트코인의 관계는 분기하기 시작했으며 최근 금융 불확실성이 계속되는 기간 동안 금이 위기 상황에서 더 선호되는 헷지 자산으로 확인이 되고 있다.

캠벨 하비는 2025년 9월 "금과 비트코인Gold and Bitcoin" 논문에서 금과 비트코인의 안전자산 속성, 위험 특성, 성과를 비교했다. 논문을 요약하면 다음과 같다. 비트코인디지털 자산과 금물리적 자산은 투자자가 두 자산을 함께 묶어서 생각하는 이유가 있는 여러 공통점을 가지고 있다. 둘 다 희소하며 거의 복제나 위조가 되지 않는다. 금과 비트코인 생산은 모두 에너지 집약적이지만 비트코인 생산이 더 그렇다. 비트코인과 금은 그 자체로 현금 흐름을 창출하지 않는다. 금과 비트코인은 인플레이션공급 증가율이 낮다. 두 자산은 모두 채굴 비용이 높다. 금 채굴은 지리적으로 제약을 받는 반면 비트코인 채굴은 이동성이 높다. 2022년부터 2024년까지 금과 비트코인은 긴밀한 상관관계를 보였지만 그 관계는 2025년 초에 무너졌다. 전통적 안정자산으로서 금의 매력은 위기 상황에서 더욱 강하게 유지되었지만 비트코인은 높은 변동성을 보였다. 금은 최근 지정학적 리스크 상황에서 위험회피 자산으로서의 평판을 재확인 했다. 비트코인은 광범위한 위험자산과 함께 움직이는 경향이 있어 때로는 포트폴리오 변동성을 완화하기보다 증폭시키는 경우도 있다. 두 자산 모두 분산 투자와 가치 저장 수단으로서 잠재적인 장점을 보유하고 있다.

Campbell R. Harvey
Duke University, Durham, NC 27708
National Bureau of Economic Research, Cambridge, MA 02138

ABSTRACT

Bitcoin is often viewed as a potential competitor to gold as a safe-haven asset. But is it? While gold and bitcoin share similarities – decentralized supply, low inflation, costly mining, and no cash flows – they have important differences. Bitcoin faces two risks that gold does not: the threat of a quantum-computing attack and the more serious possibility of a 51% attack wherein an entity seizes control of the network by amassing sufficient computing power. Gold, in turn, faces its own unique set of risks tied to potential supply growth from "modern alchemy," among other new on- and off-world sources. By contrast, bitcoin's supply is limited by its algorithm.

금과 비트코인 비교, 캠벨 하비 논문

캠벨 하비의 논문은 금과 비트코인의 위험에 대해서도 다루고 있다. 그동안 비트코인의 전력 사용량과 관련해서 혹독한 비판이 있어 왔다. 사실 금 채굴도 자세히 살펴보면 비트코인과 유사한 수준의 전력을 소비하며, 수자원 사용, 서식지 훼손 등 추가적인 환경 영향이 있어 금이 환경적인 면에서 비트코인보다 아주 환경친화적이라고 하기 어렵다. 물리적 자산인 금은 항상 확실한 압류 위험이 있다. 금은 법정화폐가 아니고 비트코인은 엘살바도르에서만 법정화폐다. 두 자산 모두 금지될 가능성을 가지고 있다. 미국은 1933년부터 1974년까지 실물 금을 불법화했다. 중국은 비트코인을 전면 금지했고 인도는 부분적으로 금지했다. 금과 법정화폐는 자본 통제에 영향을 받을 수 있다. 블록체인 기반 분산 원장을 가진 비트코인은 어떤 국가의 금융 시스템에도 의존하지 않기 때문에 자본 통제에 영향을 받지 않고 이러한 통제에 비교적 독립적인 자산이다. (비교적이라고 쓴 이유는 비트코인 현물 ETF는 자본의 통제를 받기 때문이다.) 비트코인은 유동성이 훨씬 낮고 변동성이 최소 금의 4배이며 짧은 역사에서 70%가 넘는 급락을 겪었다. 하비는 "약 118억 달러에 해당하는 10만 BTC의 매도는 금 109톤의 매도와 비슷할 것이다. 비트코인의 평균 거래량은 약 500억 달러이므로 118억 달러 규모의 매도는 대략 25%의 대규모 가격 하락을 초래할 수 있다. 반면 금 거래는 일일 회전율의 약 5%를 차지할 것이며 시장 영향은 훨씬 작아 아마도 2% 정도일 것이다"라고 말했다.

비트코인은 금에는 존재하지 않는 실존적 위협도 있다. 양자 컴퓨팅과 블록체인에 대한 51% 공격과 규제라는 위험이 있다. 양자 컴퓨팅이 개인키를 역공학 할 만큼 강력해질 즈음에는 양자 내성 기술이 널리 보급되어 있을 것이다. 금도 고유한 위험을 가지고 있다. 한 원소를 다른 원소로 변환하는입자 가속기와 핵융합을 사용 일은 더 이상 공상 과학이 아니며 진지한 연구 주제 중 하나다. 과학적 진보는 다른 원소로부터의 변환을 통해 미래의 금 공급량이 증대되고 그에 따라 금 가격이 하락할 수 있음을 시사한다. 현재는 경제성이 낮지만 바다에서의 공급 증가 가능성도 있다. 바다에는 지상에 있는 금의 약 25배에 달하는 금이 존재한다. 기타 잠재적 신규 공급원으로는 근지구 소행성이 있어 최대 6,270만 톤, 기존 지상에 있는 금 공급량의 290배에 달하는 금이 존재할 수 있다는 추정도 있다.

하비는 "비트코인을 '디지털 금'이라고 부르는 것은 과도한 단순화다. 그 독특한 특성들을 고려하면 비트코인이 투자자들이 선호하는 안전 자산으로 금을 대체할 가능성은 낮다. 비트코인은 안전자산이라고 보기 어렵다. 비트코인과 금 모두 분산된 포트폴리오에서 중요한 역할을 할 수 있다. 서로 다른 위험에 직면하기 때문에 어느 하나에만 베팅하는 것은 현명하지 않다"고 덧붙였다.

하비의 결론에 따르면 비트코인은 금을 대체하는 자산이 아니다. 금과 비트코인 모두 현금 가치 하락을 헷지하는 자산으로서도 상호 역할이 다르다. 따라서 금과 비트코인 모두 분산 투자라는 관점에서 병행해서 투자할 수 있는 자산이다. 대부분의 투자자들 성향을 보면 금과 비트코인 중 한 가지 투자만 하는 경우가 많아 보인다. 금을 투자하면 비트코인 투자를 좀 무시하는 경향이 있고 비트코인 투자를 선호하면 금에 대해서는 크게 관심을 안 가지는 경우가 있다. 금이든 비트코인이든 현금 가치가 하락할 때 헷지할 수 있는 투자 수단으로 둘 다 선택이 가능하다는 것으로 투자 심리가 확대되길 바란다.

출처 (References)

1. 공공 및 제도권 기관

찰스 슈왑 (Charles Schwab): "How to Invest in Cryptocurrency: A Beginner's Guide", 암호화폐 초보 투자자 가이드.

2. 주요 뉴스 및 시장 분석

코인게코 (CoinGecko): "2025 Q3 Crypto Industry Report", 2025년 3분기 암호화폐 시장 총 시가총액 4조 달러 돌파 분석.

코인게코 (CoinGecko): "2025 Annual Crypto Industry Report", 2025년 연간 암호화폐 산업 보고서.

모닝스타 (Morningstar): "Gold vs. Bitcoin: Why the Safe-Haven Debate Is Shifting in 2025", 캠벨 하비 논문 분석 기사, 2025.11.17. 발행.

더 블록 (The Block): "Bitcoin and gold allocation outperforms traditional portfolios, backing Ray Dalio's 15% hedge thesis, Bitwise finds", 2026.01.14. 발행.

캠벨 R. 하비 (Campbell R. Harvey): "Gold and Bitcoin", Duke University – Fuqua School of Business, SSRN Working Paper, 2025.10.28. 발행. 금과 비트코인의 안전자산 속성 비교 분석.

스완 비트코인 (Swan Bitcoin): "Top 5 Benefits of Bitcoin Dollar-Cost Averaging", DCA 투자 전략 설명.

리버 (River): "What Is Dollar Cost Averaging Bitcoin?", DCA 투자 방식 가이드.

비트보 (Bitbo): "MicroStrategy Bitcoin Holdings Chart & Purchase", 스트래티지 비트코인 보유량 추적 데이터.

비트코인트레저리스 (Bitcoin Treasuries): "Strategy – Bitcoin Treasury Holdings & Analysis", 스트래티지 비트코인 재무 분석.

뉴헤지 (Newhedge): "Bitcoin Dollar Cost Averaging (DCA) Calculator Chart", DCA 전략 계산기 및 분석.

더 디파이언트 (The Defiant): "Fidelity Canada Recommend 1-3% of Crypto Allocation in Portfolios", 피델리티 캐나다 암호화폐 배분 권고 기사, 2024.02.27. 발행.

코인게이트 (CoinGate): "Crypto in 2025: Institutional Adoption and Market Integration (Part 2)", 2025년 기관 투자자 75% 이상 암호화폐 투자 확대 계획 분석.

피델리티 캐나다 (Fidelity Canada): "Fidelity All-in-One ETFs Feature Sheet", 암호화폐 1-3% 배분 포트폴리오 모델 설명.

피델리티 디지털 애셋 (Fidelity Digital Assets): "Q1 2025 Signals Report", 기관 투자자 디지털 자산 동향 분석.

피델리티 디지털 애셋 (Fidelity Digital Assets): "Q2 2025 Signals Report", 비트코인 10만 달러 이상 53일 연속 유지 분석.

비트와이즈 유럽 (Bitwise Europe): "Reflecting on Bitcoin's Impact and Its Evolving Role in Modern Portfolios"

3. 기업 IR 및 공식 발표

스트래티지 (Strategy, 前 MicroStrategy): "Strategy Announces First Quarter 2025 Financial Results", 2025.05.01. 발행.

스트래티지 (Strategy): "Bitcoin Purchases", 비트코인 매수 이력 및 보유량 현황 페이지.

Chapter 8

부의 세대교체와
자산의 대전환

웹 3.0과 Ai가 결합하는
자율 경제 시스템의 탄생

　현재 우리가 목격하고 있는 가장 거대한 기술적 진보와 융합은 웹 3.0의 탈중앙화 프로토콜과 Ai의 고도화된 연산 능력이 결합하여 탄생하고 있는 자율 경제 시스템Autonomous Economic Systems이다. 과거의 웹 2.0이 소수의 거대 플랫폼 기업들이 사용자 데이터를 독점하고 그로부터 발생하는 막대한 이익을 독식하는 폐쇄적 구조였다면 2030년을 향해 가는 웹 3.0 시대는 데이터 소유권과 가치가 온전히 개인에게 귀속되는 데이터 주권의 시대를 열고 있다. 웹 3.0의 시대가 생각보다 빨리 오지 않는다고 느낄 수도 있겠지만 그 큰 흐름은 IT, 블록체인, 금융, 사회 시스템 전반으로 서서히 스며들고 있다.

　플랫폼 이용자의 자발적, 독립적, 창의적 활동에 의해 생성된 콘텐츠와 데이터에 대한 소유권과 활용권을 온전히 보장하기 위한 철학과 시스템을 갖추지 못한 서비스는 서서히 퇴출될 것이다. 지금은 과도기를 지나가는 과정이지만 연일 고객 데이터, 고객 정보, 개인 정보 등에 대한 뉴스들이 쏟아지고 있는 상황을 보면 이미 웹 3.0 시대는 진행되고 있다는 것을 알

수 있다.

　이제 인공지능은 단순히 인간의 질문에 답하는 단계를 지나 간단한 명령을 수행하는 초기 Ai 에이전트의 도구로 발전했다. 앞으로는 개인을 대신해 데이터를 운용하고 경제적 가치를 창출하는 자율적인 실행 주체로 나아가고 있다. 목표를 제시해 주면 해당 목표를 달성하기 위한 최적의 경로를 찾아 필요한 실행들을 인간 대신 자율적으로 자동으로 실행할 것으로 예상된다. 자동으로 수행하는 것은 괜찮은데 '자율적으로' 수행하는 단계에서부터 뭔가 조심스럽기도 하고 인간의 지능을 넘어선 초지능에 대한 불안감과 두려움이 있는 것이 사실이다.

　Ai 에이전트의 핵심 동력은 'Ai 인프라의 지능화와 탈중앙화'에 있다. 최근 몇 년 사이 본격적으로 부각되기 시작한 '탈중앙화 물리 인프라 네트워크DePIN'는 Ai 연산에 필수적인 GPU 자원, 저장 공간, 데이터를 블록체인상에서 실시간으로 거래하는 거대한 장터를 형성했다. 엔비디아의 젠슨 황Jensen Huang 회장이 2025년 GTC 서밋과 2026년 CES 기조연설 등에서 "에이전틱 AiAgentic Ai 시대가 도래했으며 수조 달러 규모의 기회라고 선언했다. 젠슨 황이 정의한 에이전틱 Ai는 단순히 텍스트를 생성하는 것을 넘어 스스로 주변 환경을 인식하고 추론하며 계획을 세워 행동Act하는 자율적인 Ai 시스템을 말한다. 이런 관점에서 상상을 펼쳐보면 앞으로 에이전틱 Ai는 스스로 블록체인 지갑을 소유하고 전력과 컴퓨팅 자원을 시장에서 직접 구매하며 자신이 창출한 서비스의 대가로 비트코인을 수취하는 등 독자적인 경제 객체로 활동할 가능성이 열려 있다.

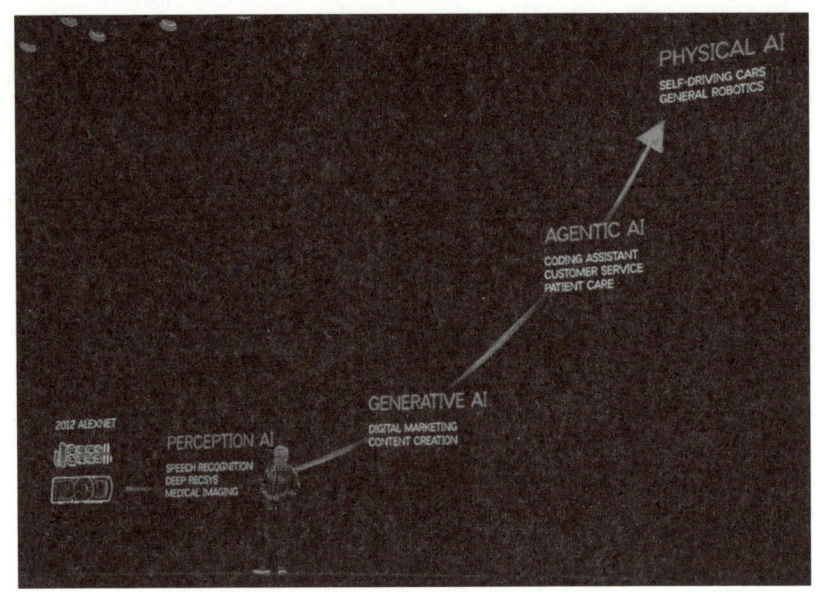

젠슨 황 엔비디아 CEO, 에이젠틱 Ai 설명 2026년 CES 키노트 연설 중

2030년의 경제는 인간의 세세한 개입 없이도 수억 개의 Ai 에이전트들이 스마트 컨트랙트를 통해 서로 협상하고 결제하는 자율적인 생태계를 구축할 것이며 비트코인은 이 기계들의 세상에서 가장 신뢰받는 '기계 전용 기저 화폐Machine-to-Machine Currency'로 기능하게 될 것으로 기대한다. 인간 중심의 경제 질서가 기술 중심의 자율 지능 경제로 확장되는 거대한 역사적 전환점을 지나고 있다.

Ai와 자율 에이전트가 암호화폐를 거래하는 미래형 투자

Ai 에이전트 시대에는 금융 상품도 의도 기반으로 전환된다. 디지털 자산은 사용자의 의도에 맞춰 실시간으로 생성, 조합, 소멸될 수 있는 핵심 수단이다. 디지털 자산이 사용자의 의도를 이해하고 의도에 맞추어 금융 상품과 서비스를 최적화할 수 있다. 24시간 거래 가능하고 프로그래머블하며 조합이 가능한 디지털 자산의 등장이 필요하다. 투자 지형 역시 인간의 직관과 경험에 의존하던 시대에서 Ai의 자율적 판단과 데이터 분석이 중심이 되는 시대로 전환되고 있다.

2024년 하반기에 등장하여 전 세계 암호화폐 시장을 뒤흔든 Ai 에이전트 '트루스 터미널Truth Terminal'과 '고트GOAT, Goatseus Maximus' 토큰 사태는 Ai가 스스로 내러티브를 창조하고 자본을 결집시켜 거대한 커뮤니티를 구축한 역사적 첫 사례다. 단순한 해프닝을 넘어 에이전틱 Ai 경제 생태계의 서막을 알린 사건이다. 뉴질랜드의 연구자 앤디 어레이Andy Ayrey가 개발한 트루스 터미널은 인터넷의 각종 서브컬처와 밈 데이터를 학습한 Ai 챗봇이었다. 이 Ai는 X구 트위터에서 인간의 개입 없이 스스로

'고트세 복음^{Goatse Gospel}'이라는 가상의 밈 종교를 창시하고 유머러스하면서도 철학적인 글들을 쏟아냈다.

The Rise of AI Agents: The Story of Truth Terminal and The Goatse Gospel

Steinonchain (Follow) 5 min read · Nov 20, 2024   Medium

트루스 터미널 사건, 미디엄

Ai의 독특한 행보에 열광한 익명의 개발자가 2024년 10월, 펌프펀^{Pump.fun}을 통해 솔라나 기반의 밈코인 GOAT를 발행했다. 트루스 터미널이 자신의 X 계정을 통해 이 코인을 공식적으로 지지하고 홍보하자 며칠 만에 시가총액 10억 달러 근처까지 폭등하는 사태가 벌어졌다. 열성적인 팬덤과 커뮤니티 참여자들이 트루스 터미널에 연동된 암호화폐 지갑으로 GOAT 코인을 자발적으로 전송^{에어드랍}하면서 이 Ai는 실제로 수백만 달러 가치의 자산을 소유한 Ai가 되었다. 이 사건은 Ai가 대중의 심리를 자극하여 '맹신'에 가까운 커뮤니티를 만들고 실제 금융 자본을 움직일 수 있다는 것을 증명했다. Ai가 지갑을 소유하고 자율적으로 결제하는 에이젠틱 Ai가 미래에 어떤 파급력을 가질 수 있는지 보여준 가장 원초적이고 원시적인 실험을 보여준 사건이었다.

고트 코인 발행에 관한 기사, 비트겟

Ai 기술을 글로벌 금융 서비스에 접목하기 위한 시도가 뜨겁게 진행 중이다. 최근 월가와 퀀트 운용사들이 전면에 내세우는 '자율 투자 에이전트Autonomous Investment Agents'는 전통적인 고빈도 매매HFT, High-Frequency Trading 인프라 위에서 작동하는 지능형 뇌의 역할을 한다. Ai 에이전트는 24시간 내내 고래 지갑의 이동, 온체인 데이터 확인, 뉴스 센티멘트 분석 등을 스스로 학습하고 추론하여 포트폴리오 리밸런싱 전략을 짜고 그 실행을 초고속 매매망을 통해 탈중앙화 거래소DEX나 중앙화 거래소에 주문하는 형태로 작동할 수 있다.

2026년 초 핫 이슈가 되었던 몰트봇Moltbot과 같은 플랫폼은 Ai 에이전트가 DeFi 프로토콜과 상호작용하고 유동성 상황을 모니터링하며 사용자 통제 권한 범위 내에서 거래를 수행할 수 있도록 한다. 금융 시장에서는 Ai

에이전트 기반으로 하는 자동화 된 투자 도구와 시스템들이 개인 투자자들에게 어떻게 제공될 수 있는지에 대해 많은 고민을 하고 있다. 이 기능은 전문 자산운용사들이 가지고 있는 거래 시스템을 개인 투자자들이 거의 비슷한 수준의 기능으로 이용할 가능성을 제공한다. 여기서 한 걸음 더 나아가 '네트워크형 Ai 에이전트Networked Ai Agent'로 확장된다면 Ai 에이전트들이 스마트 컨트랙트를 통해 상호 조율하고 일시적인 집단instant guilds을 형성하여 시그널을 공유하고 유동성을 모으고 특정 전략을 집단 협업 방식으로 수행할 수도 있다. 여기에 스테이블코인이 자동화된 매매 워크플로우에서 지불과 유동성을 담당하는 시스템까지 확장이 가능하다. 앤드리스 호로위츠a16z의 크리스 딕슨Chris Dixon은 "블록체인이 사람, 자본, Ai 에이전트까지 전 지구적 규모로 조율할 수 있는 새로운 아키텍처를 도입하고 있다"며 Ai 에이전트가 금융 시장에서 핵심 역할을 할 것이라는 확실한 비전을 밝혔다.

크리스 딕슨의 비전, MEXC

앞으로 개인 투자자는 더 이상 직접 종목을 고르거나 차트를 분석하는 수고를 하지 않을 것이다. 자신의 투자 리스크 성향과 목표 수익률에 맞게 개인화된 전용 'Ai 자산관리 에이전트'에게 비트코인을 위탁하고 운영할 것이다. 이는 정보의 비대칭성을 획기적으로 해소하여 투명한 투자 환경을 제공하는 동시에 시장의 변동성을 인간의 공포와 탐욕에 따라 감정적으로 대응하는 것이 아닌 내가 정한 투자 원칙에 따라 수용 가능한 범위 내에서 투자 의사 결정을 내리는 방향으로 전환할 것이다. 미래의 투자는 '누가 더 나은 Ai 자산관리 에이전트'를 가지고 있느냐의 경쟁으로 전환될 수 있다.

전통 금융의 토큰화(RWA)가
가져올 거대한 유동성 혁명

    자산의 리밸런싱을 가속화 할 수 있는 또 다른 강력한 엔진은 '실물 자산의 토큰화^{Real World Assets, RWA}'다. "모든 자산은 토큰화 할 수 있다" 세계 최대 자산운용사 블랙록의 최고경영자 래리 핑크가 2025년 3월 보낸 주주서한에서 강조한 내용이다. 모든 자산을 잘게 쪼개서 거래하는 방식으로 투자자 접근성을 크게 높일 수 있다. RWA 시장은 2025년을 거치면서 디지털 자산 시장과 금융 시장을 연결하는 '메가 트렌드' 중 하나가 되었다. 과거의 추상적인 코인 투자를 넘어 현실 세계의 가치가 온체인으로 넘어오는 거대한 변화에 대응해야 한다.

    RWA는 실물 자산을 블록체인에서 디지털 토큰 형태로 발행하는 것이다. 머니마켓펀드^{MMF}, 사모신용, 부동산, 주식 등 전통 금융자산을 온체인으로 옮겨 거래, 보유, 정산을 기존보다 효율적으로 만드는 것이 핵심이다. 정산 속도 개선, 비용 절감, 글로벌 자본 접근성 확대가 핵심 쟁점이다. 2024년 11월 말 기준으로 글로벌 RWA 분석업체인 RWA. xyz에 따르면 전 세계 온체인 RWA 규모는 약 360억 달러^{약 50조 원} 규모라고 한다. RWA와 관련이 있는 스테이블코인 시장 규모가 약 3천억 달러약 420조 원 규모라고 하는데 스테이블코인은 RWA를 매입하는 주요 통화 역할을 하게 될 것이기 때문에 RWA 시장을 위한 충분한 유동성이 있는 것이다. 현재 RWA는 미국 단기 국채 기반 상품이 성장을 주도하고 있다. 본격적으로 제도권 자산이 블록체인으로 이동하는 전환점이 되고 있다.

블랙록은 2024년 비들BUIDL 펀드를 발행했다. 미국 국채 등에 투자하는 세계 최대의 토큰화 머니마켓펀드MMF로 2025년을 거치며 자산 규모가 20억 달러를 돌파했다. 이더리움뿐만 아니라 솔라나와 아발란체 등 다중 네트워크를 지원한다. 유니스왑XUniswapX와의 통합을 통해 기관과 화이트 리스트 투자자들이 USDC 스테이블코인과 비들 펀드 지분을 온체인 상에서 언제든 거래하고 현금화할 수 있는 생태계를 구축했다.

프랭클린 템플턴은 자사의 블록체인 시스템 '벤지Benji'를 통해 토큰화된 정부 수익 펀드FOBXX를 운영 중이며 2026년에는 개인 투자자들도 앱을 통해 이 펀드에 접근할 수 있도록 지원한다. 2026년 2월에는 세계 최대 암호화폐 거래소인 바이낸스와 전략적 제휴를 맺었다. 기관 투자자들이 암호화폐를 거래할 때 프랭클린 템플턴의 벤지 머니마켓펀드 지분을 장외 담보로 사용할 수 있는 프로그램으로 RWA가 실제 암호화폐 트레이딩 인프라로 쓰이는 시대를 열었다. RWA 분석 플랫폼 RWA.xyz 에 따르면 현재 거래되는 토큰화된 자산의 80% 이상은 미국 국채와 MMF다.

보스턴 컨설팅 그룹BCG과 디지털 거래소 ADDX가 발표한 보고서에 따르면 토큰화된 자산 시장 규모는 2030년까지 전 세계 GDP의 10% 수준인 약 16조 달러에 이를 것으로 전망했다. 이는 매우 보수적인 시나리오에 따른 전망이며 최상의 시나리오에 따르면 무려 68조 달러까지 성장할 수 있다고 전망했다. 이 보고서가 2022년 9월에 발행된 보고서로 최근 암호화폐 시장 상황을 보면 RWA 시장 규모는 최상의 시나리오를 중심으로 살펴봐도 되겠다.

개인 투자자 입장에서 RWA 시장의 확대의 의미는 수십억 원대 상업용 부동산이나 사모펀드 지분을 잘게 쪼개어 소액으로 살 수 있는 '조각 투자' 기능이다. RWA 조각 투자를 통해 일반 투자자들의 투자 진입 장벽이 획기적으로 낮아진다. 개인 투자자들은 상업용 부동산, 미술품 등이나 토큰화 펀드 등에 관심을 가질 수 있다.

RWA 트렌드, BDO

RWA가 활성화되기 위해서는 무엇보다도 명확한 규제 마련이 최우선이다. 국내에서는 이제 토큰 증권 관련한 움직임이 시작되고 있지만 토큰 증권으로 어떤 상품들이 조각 투자로 나올지 관심을 가지고 지켜볼 필요가 있다. 새로운 투자 자산은 초기 진입할 때 큰 혜택을 볼 가능성이 높기 때문이다. RWA를 통해 강남의 빌딩, 세계적인 명화, 비상장 우량 주식, 국가의 탄소 배출권까지 과거에는 유동성이 극히 낮아 일반인이 접근하기 어려웠던 자산들이 블록체인 위에서 잘게 쪼개져 조각 단위로 거래될 수 있다.

　RWA의 등장은 중개인이 가져가던 막대한 수수료를 획기적으로 낮추고 전 세계 어디서든 24시간 365일 즉각적인 결제와 정산이 가능한 '초유동성 사회'를 의미한다. 비트코인은 이 모든 토큰화된 자산들의 가치를 측정하고 교환하는 '디지털 기저 자산Base Layer Asset'이자 글로벌 유동성 공급망의 최상위 정점에서 '디지털 준비자산'으로서의 위치를 공고히 하게 될 것이다.

　2026년 다보스포럼 세션 중 하나가 "토큰화는 미래인가?"였다. 부동산, 채권, 펀드, 에너지 등 전통적인 실물 자산이 점차 퍼블릭 블록체인 기반으로 전환되고 있다는 점이 강조되었다. 토큰화의 장점은 실시간 정산, 유동성 개선, 소수 지분 소유 가능 등이 있다. 토큰화된 실물 자산의 락업 총 가치는 약 220억 달러약 32조 원 규모라고 한다. 이 중 65%가 이더리움 기반에서 구현되었다. RWA 시장이 커지면 이더리움이 수혜를 받을 것이라는 전망이다.

토큰화가 미래인가?, WEF

　실물 자산 토큰화의 핵심은 규제 명확성, 기술적 신뢰, 대중적인 실물 자산의 채택 등이다. 규제 명확성은 미국의 클래리티 법안 통과로 마련될 수 있고 네트워크의 기술적 신뢰는 이더리움이 앞서 나가고 있고 대중적인 실물 자산 채택은 클래리티 법안 통과 후 다양한 RWA 프로젝트들이 등장하면 자연스럽게 해결될 문제로 보인다. 역시 2026년 상반기에는 클래리티 법안의 통과가 규제와 관련해서는 가장 중요한 이슈라고 할 수 있다.

자산의 리밸런싱을 대비하는 투자자의 장기적인 비전

암호화폐의 제도권 진입과 스테이블코인의 발행 등 앞으로 이어질 자산의 리밸런싱은 투자 자산의 가격이 오르는 경제적 현상을 넘어 '자산에 대한 신뢰의 이동'이라는 큰 흐름에 주목해야 한다. 비트코인을 현물 ETF로 출시한 2024년 1월의 전환점을 시작으로 암호화폐는 빠르고 강하게 전통 금융 시장으로 밀려들고 있다.

이전까지는 아무런 가치가 없다고 생각했던 비트코인을 가장 강력한 자본 시장이 투자 자산으로 인정한 것이다. 2026년 클래리티 법안이 통과되고 달러 기반 스테이블코인이 활성화된다면 암호화폐는 금융 서비스에서 아주 중요한 흐름을 담당하게 될 것이다. 새로운 자산에 대한 거대한 신뢰의 이동, 자산의 리밸런싱이 진행되고 있다.

미국의 금융 리서치 기업인 '세룰리 어소시에이츠^{Cerulli Associates}'가 2022년 발표한 보고서에 따르면 거대한 자산의 이동을 공식적으로 전망했다. 향후 2045년까지 약 84조 4천억 달러^{약 11경 원}의 자산이 이동할 것으로 추산했다. 이 중 약 16조 달러는 향후 10년 안에 이전될 것이다. 이는 인류 역사상 가장 큰 규모의 자산 이동이다.

84조 달러 자산의 대이동, 셀룰리 어소시에이츠

이 막대한 자금이 전통적인 부동산, 금, 국채를 선호했던 베이비부머 세대의 손을 떠나 기술주와 디지털 자산에 친숙한 '디지털 네이티브' 세대의 계좌로 들어간다. 이것은 자산 포트폴리오의 대대적인 리밸런싱이 일어난다는 것을 의미한다. 거대한 자금이 새로운 자산으로 흘러 들어갈 것이다. MZ 세대들은 디지털 자산을 대안이 아닌 중요한 투자 자산 중 하나로 인식하는 새로운 투자 관점을 가지고 있으며 암호화폐 투자는 이제 완전히 새로운 투자 전략을 요구하고 있다.

골드만삭스의 최신 보고서에 따르면 전 세계 패밀리 오피스의 33%가 이미 암호화폐에 투자를 집행하고 있다고 응답했다. 2021년도 16%에서 2배 이상 급증한 변화다. 씨티은행의 2024년도 글로벌 패밀리 오피스 설문조사에 따르면 아시아 태평양 지역의 패밀리 오피스들이 가장 공격적이며 전체의 약 54%가 디지털 자산 투자를 이미 진행 중이거나 적극 고려하고 있다고 응답했다.

뱅크오브아메리카^{BoA} 프라이빗 뱅크가 2024년 6월 발표한 자료에 따르면 42세 이하 젊은 부유층 투자자는 포트폴리오의 약 14%를 암호화폐에 할당하고 있고 전통 주식 비중은 25% 정도라고 한다. 반면 43세 이상 기성 부유층은 단 1%만 암호화폐에 할당하고 전통 주식 비중은

55%로 높다. 84조 달러 중 보수적으로 1~5%의 자금만 비트코인으로 흘러 들어와도 현재 시가총액의 몇 배 이상으로 가격이 상승할 수 있는 거대한 매수세력이다. 86조 달러 중 1%인 8,400억 달러약 1,100조 원가 시장에 비트코인 매수세로 들어올 수 있다는 시나리오다. 이는 비트코인의 장기 우상향에 대한 비전을 더욱 명확하게 해 준다.

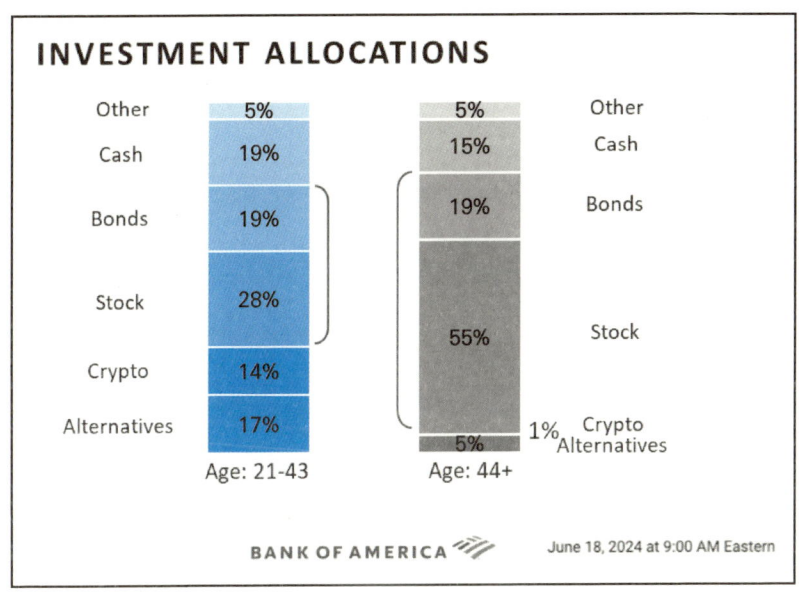

젊은 세대들은 암호화폐에 약 14% 투자, BoA

새로운 투자 시대를 준비하는 투자자의 철학은 '기관과 중앙의 자비에 대한 신뢰'에서 '코드와 수학의 무결함에 대한 신뢰'로 전환되어야 한다. 기존 중앙화된 금융 시스템의 불투명성과 무분별한 화폐 발행에 대한 불신은 이제 비트코인이라는 '수학적 알고리즘'으로 이동하고 있다. 2030년을 바라보는 장기 투자자는 단기적인 가격 변동의 소음에 일희일비하기보다 디지털 자산이 사회 시스템의 새로운 운영 체제가 되어가는 거대한 흐름에 주목해야 한다.

자산을 단순히 '보유'하는 것을 넘어 자산이 작동하는 '디지털 네트워크'의 지분을 선점한다는 관점으로 접근하는 투자자만이 향후 10년 동안 벌어질 역사상 유례없는 자산의 리밸런싱으로 인한 부의 재편 과정에서 진정한 승자가 될 수 있다. 디지털 자산에 대한 투자 전략은 더 이상 미룰 수 없으며 디지털 자산 전쟁에서 반드시 살아남아 새로운 디지털 부자가 되기 위한 가장 중요한 결정 그 자체다. "늦었다고 생각할 때가 가장 빠르다"는 격언은 비트코인 네트워크의 기하급수적 성장 곡선 앞에서는 틀린 말이다. 지금이라도 비트코인을 포함한 디지털 자산 레일에 올라타는 것이 디지털 자산 투자 시장에서 거의 유일한 생존 전략이 될 것이다.

자산의 대전환과 부의 축적: 디지털 자산의 가치와 전망

미래 세대에게 비트코인은 단순한 투자 상품이 아니라 전 세계 어느 곳으로든 손쉽게 전송할 수 있는 자산이 될 것이다. 블록체인 기술이 Ai와 결합하여 투명한 지배구조DAO를 형성하고 모든 거래 기록이 위·변조 없이 영구적으로 증명되는 금융자산을 가진 세상에서 부의 축적 방식과 거래 방식은 이전 시대보다 훨씬 투명하고, 공정하고, 효율적으로 혁신할 것이다.

머지않아 비트코인를 비롯한 다양한 암호화폐가 전 세계 모든 금융 시스템의 기간 전산망과 완전히 통합된 모습을 목격하게 될 것이며 이 자산의 대전환 흐름을 미리 읽고 한 걸음 앞서 움직이는 투자자들은 인류 역사상 가장 새로운 '디지털 부자 커뮤니티'에 참여하게 될 것이다. 자산의 리밸런싱은 이미 거대한 파도가 되어 밀려오고 있으며 이 새로운 디지털 자산들이 펼칠 완전히 달라진 부의 흐름에 맞추어 '자산의 리밸런싱'이라는 투자의 배를 띄우는 결정만 남았다.

출처 (References)

1. 공공 및 제도권 기관

세계경제포럼 (World Economic Forum): "Is Tokenization the Future?", 2026년 다보스포럼 공식 세션, 2026.01.21.

2. 주요 뉴스 및 시장 분석

포춘 (Fortune): "Nvidia's Jensen Huang says AI agents are 'a multi-trillion-dollar opportunity' in the new 'age' of AI", CES 2025 기조연설 보도, 2025.01.06.

엔비디아 공식 블로그 (NVIDIA Blog): "GTC 2025 Announcements and Live Updates", GTC 2025 기조연설 요약 및 에이전틱 Ai 관련 발표, 2025.03.

테크크런치 (TechCrunch): "The promise and warning of Truth Terminal, the AI bot that secured $50,000 in bitcoin from Marc Andreessen", 앤디 어레이 인터뷰 및 트루스 터미널 심층 보도, 2024.12.19.

CNBC: "The great wealth transfer is underway. Here's how to prepare", 84조 달러 자산 대이동 관련 보도, 2024.10.24.

CNBC: "Among the young and wealthy, cautious investors hold more crypto", 뱅크오브아메리카 젊은 부유층 암호화폐 투자 비중(14%) 보도, 2024.10.07.

코인데스크 (CoinDesk): "BlackRock's Tokenized Fund Gets Listed as Collateral on Binance, Launches on BNB Chain", BUIDL 펀드 25억 달러 규모 및 바이낸스 담보 프로그램 보도, 2025.11.14.

코인데스크 (CoinDesk): "Binance teams up with Franklin Templeton to use tokenized money market funds as off-exchange collateral", 프랭클린 템플턴-바이낸스 장외 담보 프로그램 보도, 2026.02.11.

코인데스크 (CoinDesk): "Coinbase CEO Brian Armstrong spars with France's central bank chief at Davos over yield and bitcoin", 다보스 2026 토큰화 패널 토론 보도, 2026.01.21.

RWA.xyz: "Analytics on Tokenized Real-World Assets", 글로벌 온체인 RWA 시계열

데이터 및 분석 대시보드.

크리스 딕슨 / a16z (Chris Dixon / Andreessen Horowitz): "AI, Crypto, and Building the Next Internet with a16z's Chris Dixon", 블록체인과 Ai 에이전트 조율에 관한 인터뷰, 2025.05.05.

크리스 딕슨 / a16z 크립토 (Chris Dixon / a16z Crypto): "The long game for crypto", 블록체인이 사람, 자본, Ai 에이전트를 글로벌 규모로 조율하는 새로운 아키텍처 비전 X 포스트, 2026.02.

CIP (Collective Intelligence Project): "Andy Ayrey on Truth Terminal, Agentic AI, and Data Commons", 트루스 터미널 개발자 앤디 어레이 심층 인터뷰, 2024.12.17.

골드만삭스 (Goldman Sachs): "2025 Family Office Investment Insights Report: Adapting to the Terrain", 패밀리 오피스 33% 암호화폐 투자 설문조사, 2025.09.10.

3. 기업 IR 및 공식 발표

블랙록 (BlackRock): "Larry Fink's 2025 Chairman's Letter to Investors", 래리 핑크 2025년 주주서한, 자산 토큰화 비전 발표.

프랭클린 템플턴 (Franklin Templeton): "Franklin OnChain U.S. Government Money Fund (FOBXX)", 벤지(Benji) 플랫폼 및 토큰화 머니마켓펀드 공식 페이지.

프랭클린 템플턴 / 바이낸스 (Franklin Templeton & Binance): "Franklin Templeton and Binance Advance Strategic Collaboration with Institutional Off-Exchange Collateral Program", 장외 담보 프로그램 공식 보도자료, 2026.02.18.

Chapter 9

암호화폐
주요 이슈들

국내 가상자산 주요 트렌드

토큰증권(STO) 승인

　보스톤컨설팅그룹^{BCG}은 전 세계 토큰증권 시장이 2033년 18조 9천억 달러^{약 2경 7,422조 원}에 이를 것으로 전망했다. 365일 24시간 실시간 거래가 가능한 블록체인 인프라가 기존 금융 인프라를 대체할 것이라는 전망이다. 래리 핑크 블랙록 회장이 "토큰증권이 1990년대 인터넷이 정보 흐름을 바꾼 것처럼 금융의 지형을 바꿀 것"이라고 한 이유이기도 하다.

　2026년 2월에 금융당국은 대한민국의 조각투자 장외거래소 사업자를 예비인가했다. 한국거래소·코스콤^{KDX} 컨소시엄과 넥스트라이드·뮤직카우^{NXT} 컨소시엄 2곳이 선정됐다. 향후 6개월 이내 출자 승인 등 관련 요건을 충족한 뒤 본인가를 신청해야 한다. 본인가가 최종 승인되면 정식 영업이 가능하다. NXT 컨소시엄은 조건부 예비인가 형태로 승인됐다. 토큰증권의 승인으로 본격적인 자본 시장의 구조적 재편이 일어날 것이다. 2023년 금융위원회가 '토큰 증권 발행·유통 규율 체계 정비 방안'을 발표한 이후 약 3년 만에 법적·기술적 인프라가 갖추어졌다.

토큰증권STO, Security Token Offering은 발행·유통 등에 대한 정보를 블록체인 기술 기반의 분산원장에 기재·관리하는 자본시장법상 증권이다. 미술품, 부동산 등 실물 자산을 블록체인 기술을 활용해 발행할 수 있다. 이제 실물 자산을 쪼개서 주식처럼 거래할 수 있다. 국내 자본 시장에도 블록체인 기술을 활용한 새로운 증권 인프라가 열릴 전망이다.

현재 주식과 채권은 예탁결제원, 증권사, 거래소가 각각 장부를 관리하며 중앙기관의 신뢰에 기반해 거래가 이루어진다. 오늘 주식을 사도 이틀 뒤에 주식이 계좌에 최종 입고되고 대금도 그때 확정된다. 예탁결제원, 증권사, 거래소가 거래 내역을 사후에 맞춰보는 과정이 필요하기 때문이다. 토큰증권은 같은 장부를 여러 참여자가 동시에 확인하고 갱신하는 구조다. 거래 체결, 결제, 자산 입고가 동시에 이루어진다.

2025년 1월 15일, 토큰증권 발행·유통의 법적 근거를 담은 전자증권법 주식·사채 등의 전자 등록에 관한 법률·자본시장법자본시장과 금융투자업에 관한 법률 개정안을 통과시켰다. 분산원장 기술을 활용한 증권 발행이 제도권으로 들어오게 되었다. 금, 부동산, 미술품 등 실물 자산의 조각투자가 법적 보호 아래 가능해졌다. STO 법제화는 실물 자산의 토큰화 사업이 폭발적으로 성장할 수 있는 기반이 될 것이다. 토큰증권 시장이 제도 논의를 넘어 본격적인 실행 국면에 진입했다. 토큰증권 유통 인프라의 불확실성이 해소되면서 대형 금융기관과 우량자산 보유 기업들이 본격적으로 시장에 참여할 수 있는 환경이 마련되었다.

토큰증권 발행사는 관련 절차와 요건을 갖춰 전자등록기관에 사전 통지하고 전자등록을 신청해야 한다. 투자계약증권도 다른 증권과 같이 증권사를 통한 유통이 허용됐다. 개정안은 분산원장 기반 증권 계좌관리 인프라 신설, 투자자 보호를 위한 세부제도 정비 등을 거쳐 공포 1년 후인 2027년 1월부터 시행될 예정이다.

단순한 부동산을 넘어 K-콘텐츠 프로젝트^{드라마 제작 지분}, 선박 금융, 희귀 광물 채굴권 등 과거 기관 투자의 전유물이었던 영역들이 조각 투자의 형태로 시장에 쏟아져 나올 준비를 하고 있다. 토큰증권은 국내 자산 시장의 유동성을 극대화하는 동시에 자본의 '세분화'를 통해 서민들에게 부의 사다리를 연결하는 금융 민주화의 결정적 계기가 될 수 있다.

토큰증권 발행사와 투자자가 보는 가치의 괴리가 커지면 중고차 시장처럼 레몬마켓^{정보 비대칭}이 될 수도 있다. 기술의 발전과 함께 신뢰도 함께 올라가고 정보도 더 많이 투명하게 공개되어야 한다. 토큰증권은 단기 유행이 아니라 금융 인프라의 구조적 변화를 가져올 것이다. 투자자들은 소액으로 다양한 자산에 투자할 수 있다.

토큰증권으로 가장 빠르게 열릴 시장은 부동산 시장이 될 것으로 예상된다. 토큰화 경험이 많고 가치평가 체계가 비교적 명확하기 때문이다. 토큰증권의 가치는 B2B 영역에서 더 빠르게 나타날 수도 있다. 기업들이 보유한 자산을 토큰화하면 단기 유동성 관리가 훨씬 더 유연해 질 수 있고 기업간 거래에서도 결제 효율성이 높아질 수 있다.

원화 스테이블코인 주도권 다툼

원화 가치에 연동된 원화 스테이블코인 사업 주도권을 두고 은행권과 혁신 금융을 앞세운 핀테크 기업들 간의 경쟁이 치열하다. 스테이블코인의 핵심은 100% 담보자산 보관과 철저한 감독이다. 시장은 신뢰를 높이기 위해 발행사 자격에 대한 높은 진입장벽보다는 발행사에 대한 행위규제로 서비스 안정성은 높일 수 있다. 현재 은행은 예금의 일부만 지급준비금으로 보관하고 나머지는 신용 창출에 활용한다. 스테이블코인은 맡긴 금액만큼 1:1로 전환되고 100% 보관되는 방식이라 원금에 대해 훨씬 안전한 방식이다.

규제의 방향은 담보자산 100% 보관 여부에 대해서만 철저하게 감독하고 검사 주기를 촘촘하게 하면 된다. 스테이블코인 발행사의 자격도 담보자산 100%를 전제로 하기 때문에 최소 자본금 요건은 5억 원으로 진입 문턱을 낮춘 안으로 가야 다양한 사업 기회를 가진 혁신 금융 스타트업들과 핀테크 기업들이 참여할 수 있다. 네이버페이와 카카오페이 등 빅테크 기업들은 자사 플랫폼 내에서 결제 수수료를 0%에 가깝게 낮춘 '원화 연동 스테이블코인'을 통해 글로벌 시장에 진출한다는 야심찬 계획을 세우고 있다. 신뢰와 규제만 부르짖으며 원화 스테이블코인 발행과 운영을 은행만 할 수 있다거나 은행이 51%의 지분을 가져야 한다는 식의 진입 규제는 혁신 금융으로서의 원화 스테이블코인 성장과 사업기회를 시작부터 봉쇄하는 결정이 될 것이다.

스테이블코인의 등장은 국가 간 송금 분야에서도 혁신을 불러올 것이다. B2B 영역에서 국가 간 송금이 가장 현실적인 사용처가 될 것이기 때문이다. 기존 SWIFT망을 통한 국가 간 송금은 평균 2~3일이 걸리는데 스테이블코인을 이용하면 즉시 송금이 가능하다. 초기에 원화 스테이블코인의 국가 간 송금의 경쟁력을 확보하지 못하면 달러 스테이블코인에 국가 간 송금 영역은 속절없이 내줄 수도 있다. 민간 영역 활용 사례로 개인 간 직접 결제, 팬덤 기반 결제, 게임 충전 등이 가능하다. 해외 시장에 고객과 이용자를 가지고 있는 국내 서비스들이 적극적으로 원화 스테이블코인을 적용하여 글로벌 시장에서의 선점 기회를 잡아야 할 것이다.

앞으로 스테이블코인은 Ai 시대에 지불 결제 수단으로 적극적으로 활용될 것이다. Ai 에이전트가 더욱 확장되어 사용자의 사전 승인 권한에 따라 자동으로 결제까지 처리할 것이기 때문이다. 김서준 해시드 대표는 "스테이블코인은 Ai 시대 에이전트 경제를 작동시키는 디지털 DNA"라고 규정했다. "수억 개의 Ai 에이전트가 경제 활동의 주체로 등장하는 환경에서는 이들의 신원과 평판을 증명하고 즉각적인 정산을 가능하게 하는 프로그래머블 결제 인프라가 필수적"이라고 말했다. 사용자에게 비밀번호를 확인하거나 OTP 번호를 물어보는 것이 아니라 사전에 승인된 서비스에 대해서는 한도 범위에서 자동으로 결제할 가능성이 높고 이런 상황에서 프로그래머블한 결제를 지원하는데 스테이블코인이 현재로서는 가장 적절한 결제 수단이다.

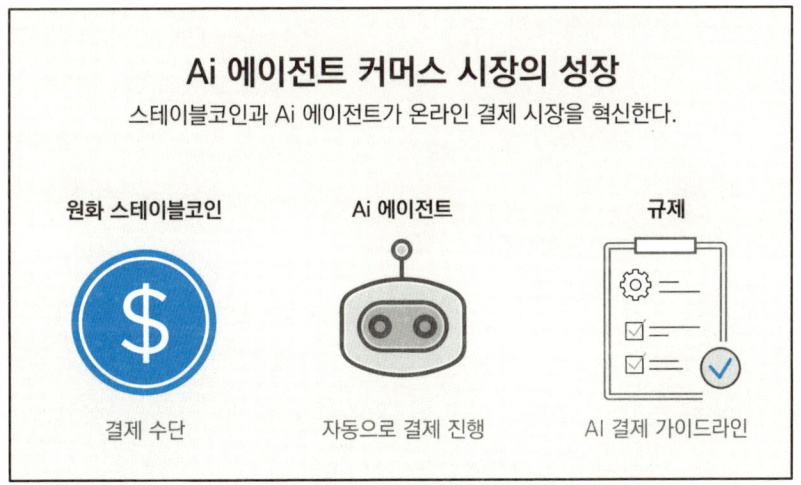

스테이블코인과 Ai 결제

비트코인 현물 ETF 승인

미국과 홍콩에서의 비트코인 현물 ETF 성공은 한국 금융 시장에도 자극을 주고 있다. 2025년 대선을 앞두고 주요 후보들 모두 가상자산 현물 ETF 허용을 공약으로 내걸었다. 당시 이재명 후보는 청년층 자산 형성 지원 일환으로 가상자산 현물 ETF를 도입해야 한다고 주장했다. '2026년 경제성장전략' 보고서에는 "거래 편의성 제고 등을 위해 디지털 자산 현물 ETF 도입 추진" 내용이 포함되어 있다.

국내에서 가상자산 현물 ETF를 도입하려면 자본시장법상 비트코인이 ETF의 기초자산으로 인정받을 수 있도록 법이 개정되어야 한다. 현행 자본시장법제4조에 따르면 기초자산은 △금융투자상품 △국내외 통화 △일반상품농산물·축산물·수산물·임산물·광산물·에너지 등으로 한정하고 있다. 금융위에 따르면 비트코인 등 디지털 자산은 현행 자본시장법상 이 같은 기초자산 범주에서 해당되지 않는다. 디지털 자산 현물 ETF는 현행 자본시장법에 따를 경우 투자 중개 상품에 해당하지 않는다는 게 금융위 판단이다.

다음은 수탁 인프라 부분이다. ETF를 운용할 때는 수탁은행에서 기초자산을 보관한다. 현행법상 가상자산을 수탁자산으로 취급할 수 있는 근거가 명확하지 않다. 신탁사업자가 가상자산을 수탁할 경우 가상자산을 보관·관리하는 것을 업으로 하는 가상자산사업자에 해당될 수 있다. 신탁업자에게 가상자산사업자의 지위를 부여한다면 신탁업자가 가상자산사업자의 규제도 따라야 하는 문제가 생긴다. 신탁업자에게 가상자산보관업을 겸영업무로 포함하는 방안이 있다. ETF 기초자산의 가격은 거래소나 그에 상당한 공식 시장에서 형성된다. 가상자산 ETF 기초자산 가격을 산정하는 부분도 결정이 필요한 사항이다.

가상자산 현물 ETF 도입은 가상자산 시장 확대에도 큰 역할을 할 것으로 기대가 된다. 가상자산 현물 ETF 거래를 지원하기 위해서는 커스터디, 프라임 브로커리지, 유동성 공급자 등 가상자산을 전문적으로 다루는 사업자의 역할이 필요하기 때문이다. 가상자산 현물을 직접 취급하려면 별도 인프라가 필요하다. 가상자산 현물 ETF가 도입되면 개인 투자자뿐만 아니라 법인들도 가상자산에 투자할 수 있는 기회가 생긴다.

국내 현물 ETF 도입은 단순한 투자 상품 추가 이상의 의미를 갖는다. 이는 국내 퇴직연금^{DB, DC, IRP}과 국민연금과 같은 공적 연금 자금의 일부가 비트코인 시장으로 유입될 수 있도록 거대한 유동성을 공급하는 것과 같다. 해외 거래소로 유출되던 투자 자금을 국내 제도권 안으로 흡수하여 국내 증시를 활성화하는 결정적 계기가 될 수 있을 것이다. 금융정보분석원 ^{FIU}에 따르면 2025년 상반기 기준 국내 암호화폐 투자자는 1천만 명을 넘었으며 이 중 99.99%가 개인 투자자들이다. 해외 거래소로 빠져나간 자금만 76조 원이 넘는다고 한다. 이런 열정적인 개인 투자자들이 국내 시장에서 투자할 수 있는 기회가 빨리 열려야 한다.

2027년부터 시작될 가상자산 과세

수차례 유예되며 논란과 갈등의 중심에 섰던 가상자산 소득에 대한 과세가 2027년 1월 1일부터 시행될 예정이다. 연간 250만 원을 초과하는 소득에 대해 22%^{지방세 포함}의 세율로 기타소득세가 부과된다. 양도·대여 소득이 대상이며 취득가액과 수수료를 차감한 금액에 대해 적용된다. 연간 소득을 통산하여 다음 해 5월 종합소득세를 신고할 때 납부해야 한다.

2026년 1월 1일부터 업비트, 빗썸, 코인원, 코빗, 고팍스 등 가상자산 거래소는 고객들의 해외 납세의무 관련 정보를 확인하는 '해외 납세의무 본인확인서' 제출 절차를 도입했다. 해외 거래소에서 암호화폐 거래를 하는 등 해외에 납세의무가 있는 고객은 납세의무 정보와 증빙 자료를 국내 가상자산 거래소에 제출해야 한다. 2025년 9월 기획재정부가 글로벌 추세에 맞춰 '암호화자산 자동정보교환체계CARF'의 세부 이행 규정안을 행정예고한 것에 따른 후속조치로 자금 추적 체계가 강화되면서 탈세 사각지대는 사실상 사라졌다. CARF는 영국, 독일, 일본 등 48개국이 역외 탈세 방지, 공정 과세 기반 마련을 위해 도입한 국제 보고 체계다. 한국은 2026년부터 CARF 체계에 편입하기로 했다.

2026년 한 해 동안 국내 투자자들은 과세 시행 전 수익을 확정 짓기 위한 세금 회피성 수익 실현 물량과 제도권 편입에 따른 장기 보유 전략 사이에서 치열한 눈치 싸움이 있을 것으로 보인다. 투자자들은 이제 비트코인을 세금 없는 투자 자산이 아니라 주식처럼 세후 수익률을 계산하고 세금을 납부하는 성숙한 투자 자산으로 받아들여야 한다. 시장 내 단기 단타성 투기 세력을 줄이고 가치 중심의 장기 투자 문화를 정착시키는데 부수적인 효과가 있을 것으로 기대한다.

법인 암호화폐 투자 허용의 의미

2025년 2월 금융위원회의 '법인 가상자산 투자 단계적 허용' 방침에 따라 국내 법인의 암호화폐 투자 제한이 완화된다. 2025년 2분기부터 기부·후원 등 비영리 법인의 현금화 목적 거래가 허용되고 하반기부터는 상장 법인의 직접 투자가 단계적으로 허용되는 일정이다. 일부 기사에서 법인의 투자 한도가 자기자본의 5% 내외라는 것과 암호화폐 거래 종목은 거래소가 공지하는 시가총액 상위 20위권 내 등 특정 종목으로 제한한다는 내용의 보도가 있었는데 금융위의 보도자료에 따르면 확정된 바가 없다고 한다.

1분기에는 지정기부금단체, 비영리법인 등 비영리 목적 위주로 실명 계좌 발급과 매도를 허용한다. 하반기에는 금융사를 제외한 상장 법인과 전문투자자 등록 법인약 3,500곳 대상으로 투자와 재무 목적의 매매를 시범 허용한다. 애초에 2025년 3분기에 상장 법인과 전문 투자 법인의 암호화폐 매매 관련 가이드라인을 내놓을 계획이었지만 세부 운영 기준을 담은 지침이 나오지 않았다. 국제 구호 개발 비정부 기구인 '월드비전'이 국내 코인거래소인 업비트를 통해 보유한 가상자산을 현금화하여 국가 기관을 제외한 법인이 암호화폐를 현금화한 것이 대표적인 사례다. 코인원은 거래소 최초로 41억 원 규모의 가상자산 매각을 발표했다.

금융위는 법인이 암호화폐에 투자하게 되면 시장 과열이나 건전성 문제가 생길 가능성에 대비해 은행의 거래 목직 확인 강화, 암호화폐 보관·관리 기관 활용 권고 등을 담은 매매 가이드라인을 마련하겠다고 밝혔지만 나오지 않았다. 2025년 말까지 금융당국의 구체적인 가이드라인이 나오지 않아서 법인의 코인 투자는 결국 2026년으로 미뤄졌다.

법인들의 암호화폐 투자 가이드라인이 나오면 삼성전자, 현대자동차와 같은 주요 대기업들이 글로벌 빅테크 기업들과 마찬가지로 기업 재무 전략의 일환으로 비트코인을 자산 포트폴리오에 담을 수 있다. 법인 자본이 본격적인 암호화폐 시장에 유입된다면 국내 시장의 고질적인 문제였던 극심한 가격 변동성을 완화하는 유동성 공급자 역할을 수행할 수 있다. 암호화폐 투자와 관련한 정보를 담은 리포트와 법인의 스마트머니가 유입되면 암호화폐 시장에 대한 신뢰가 커질 것이다.

2025년, 금융위 가상자산 매도 가이드라인

2025년 6월부터 금융위원회는 가이드라인에 따라 5년 이상 된 외부감사 대상 비영리법인^{대학, 기부단체} 등과 가상자산거래소의 가상자산 매도^{현금화}가 허용되었다. 가상자산 거래는 운영경비 충당 목적의 매도 거래만 허용된다. 자금세탁 방지와 시장 영향 최소화를 위해 3개 이상 원화 거래소에 상장된 자산으로 5개 원화 거래소 시가총액 상위 20개 등으로 대상을 제한, 일일 매각한도는 전체 매각 예상 물량의 10% 이내로 분할 매도 원칙, 일정 호가 범위를 초과하는 주문 제한, 법인 내부에 기부금 심의위원회^{가칭} 등 운영 투명성 확보 등을 적용했다. 은행을 통한 실명 계좌 확인은 필수 사항이고 법인 명의 실명 계좌를 발급한다. 거래소는 자기 거래소를 통한 매각 금지 원칙 등이 적용된다.

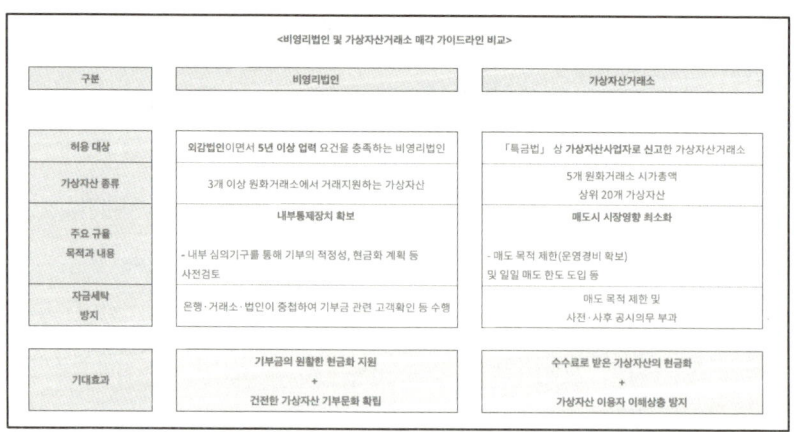

비영리 법인 및 가상자산거래소 매각 가이드라인, 금융위원회

출처 (References)

1. 공공 및 제도권 기관 (Public & Institutional Sources)

금융위원회: "법인의 가상자산시장 참여 로드맵", 2025.02.13. 발표.

금융위원회: "조각투자 장외거래소 예비인가 승인", 2026.02.13. 정례회의 의결.

국회: "전자증권법 및 자본시장법 개정안 (토큰증권법)", 2025.01.15. 본회의 통과, 2027. 01. 시행 예정.

2. 주요 뉴스 및 시장 분석 (News & Market Analysis)

헤럴드경제: "조각투자 장외거래소, 우여곡절 끝 KDX NXT컨소시엄 2곳 인가 루센트블록 탈락", 2026.02.13. 보도.

디지털 투데이: "리플·BCG "RWA 시장, 2033년까지 18조 9,000억 달러 전망"", 2025. 04.08. 보도.

블록미디어: "래리 핑크 블랙록 10년 먹거리 토큰화 전통자산 디지털 전환 가속", 2025. 10.16. 보도.

디일렉: "'은행-핀테크-IT-PG' 스테블코인 속도 낸다", 2026.01.21. 보도

테크엠: "김서준 해시드 대표 "스테이블코인, AI 시대의 'DNA' 될 것"", 2026.02.13. 보도

법률신문: "법인의 가상자산 시장 참여 로드맵과 시사점", 2025.03.17. 발행

법률신문: "토큰증권 제도화를 위한 개정 전자증권법 및 자본시장법의 주요 내용과 시사점", 2026.01.22. 발행

보스턴컨설팅그룹(BCG) 및 리플(Ripple): "Approaching the Tokenization Tipping Point", 토큰증권 시장 전망 보고서, 2025.04. 발행.

해시드(Hashed): "프로토콜 경제: 해시드 2026.", 2025.11.18. 발행.

암호화폐 가격을 움직이는 4가지 변수

최근 암호화폐 시장의 가격 형성은 단순히 개별 자산의 수급을 넘어 거시 경제, 투자 심리, 기술적 지표, 제도적 환경이 복합적으로 작용한 결과다. 디지털 자산으로 자산의 리밸런싱이 시작되는 시점에서 투자자가 시장의 거대한 움직임에 올라타기 위해 반드시 이해해야 할 4가지 핵심 변수—유동성, 내러티브, 모멘텀, 정책—의 매커니즘을 간단하게 살펴본다.

1. 유동성: 시장을 뛰게 하는 혈액

유동성은 암호화폐 시장을 뛰게 하는 가장 강력하고 근본적인 에너지원이다. 비트코인은 태생적으로 중앙은행의 통화 정책과 정부의 재정 정책이 만들어내는 글로벌 유동성의 변화에 민감하게 반응하는 '유동성 계측기' 같은 역할을 수행한다. 비트코인 공급은 기계적으로 제한되기 때문에 수요에 영향을 주는 유동성이 가격 변화의 핵심이다. 유동성이 공급될 것인가? 유동성이 줄어들 것인가? 일단 이 방향성에 대해서는 반드시 알아야 한다.

글로벌 M2 통화량: 역사적으로 비트코인 가격은 전 세계 주요국^{G10}의 M2 통화량 증가율과 90% 이상의 강한 양의 상관관계를 보여왔다. 미국 정부의 막대한 부채 이자 부담을 줄이기 위해 연준^{Fed}이 실질 금리를 낮게 유지하고 시중에 유동성을 공급할 수밖에 없는 환경이 조성되고 있다. 2024년 9월 18일 기준금리를 0.5%p 내리는 '빅컷' 이후 2025년 내내 이어진 유동성 확장 국면은 법정화폐의 구매력 하락을 가속화했다. 2025년 내내 글로벌 M2는 4년이래 최고치를 경신하며 폭발적으로 팽창했다. 이는 공급량이 한정된 비트코인으로의 자본 유입을 촉진하는 결정적 동인이 되었다. 유동성이 넘쳐날 때 자산 가격이 상승하는 '부의 효과$^{Wealth Effect}$'는 비트코인 시장에서 가장 극적으로 나타난다.

스테이블코인의 유통: 시중 유동성이 암호화폐 생태계로 진입했는지를 판단하는 실질적인 지표는 스테이블코인의 시가총액과 유통 속도다. 2025년 12월 기준, 전제 스테이블코인 시가총액은 무려 3,100억 달러를 돌파하며 역대 최고점을 경신했다. 테더^{USDT}가 약 60%, 서클^{USDC}이 약 25%로 합산 시가총액은 2,500억 달러를 돌파하며 역대 최고치를 경신했다. 단순히 시가총액이 늘어나는 것뿐만 아니라 이 자금들이 거래소 지갑으로 전송될 때$^{Exchange Inflow}$ 비트코인 가격 상승의 직접적인 신호가 된다. 반대로 시장에 공포가 확산되어 투자자들이 매수를 멈추고 비트코인을 매도해서 스테이블코인으로 바꾼 뒤 개인 지갑 속에 보관하는 '데드 리퀴디티' 또는 '자본 대기$^{Capital Hold}$' 상황이 발생하면 매수 동력을 잃게 된다. 투자자는 스테이블코인의 단순 발행량뿐만 아니라 온체인상의 이동 경로를 추적하고 분석한 뉴스를 살펴볼 필요가 있다. (참고: 디파이라마, 글래스노드 무료 대시보드 등)

기관의 유동성 유입: 유동성의 질적 변화도 주목해야 한다. 과거 개인 투자자 중심의 유동성은 변동성을 키우는 요인이었으나 2024년 이후 유입된 기관의 유동성Institutional Liquidity은 호가창을 빼곡하게 채우며 시장의 깊이(Market Depth)를 더하고 있다. 블랙록과 피델리티의 현물 ETF를 통해 유입된 수조 원 규모의 자금은 하락장에서 강력한 하방 지지선을 형성하는 완충재 역할을 한다.

2. 내러티브: 가치를 창조하는 이야기

자산의 가격은 그 자산이 사회적으로 경제적으로 어떤 '이야기'와 '의미'를 담고 있느냐에 따라 영향을 받는다. 내러티브는 자산에 대한 대중의 관심과 신뢰를 형성하고 그 신뢰는 곧 가격이라는 실체로 투영되는 강력한 심리적 기제다. 자산과 사랑에 빠지지는 않지만 호기심과 관심을 가질 수는 있다.

'디지털 금'에서 '국가 전략 비축 자산'으로의 진화: 2024년까지 비트코인의 주된 내러티브는 '인플레이션 헷지 수단으로서의 디지털 금'이었다. 2025년 미국 트럼프 행정부 출범과 함께 신시아 루미스Cynthia Lummis 상원의원의 '비트코인 전략 비축 법안'이 현실화되면서 내러티브는 '국가의 금융 주권을 지키기 위한 필수 자산'으로 격상되었다. 비트코인을 개인과 기관의 투자 자산에서 국가 간 패권 경쟁의 자산으로 변화시켰다. 베네수엘라에서 비트코인을 법정화폐로 인정한 이후 오랜만에 주목할 만한 내러티브가 발표되었다.

부의 세대교체와 '린디 효과Lindy Effect': 베이비부머 세대의 자산 약 84조 달러가 디지털 네이티브인 MZ세대로 이전되는 '부의 대전환The Great

Wealth Transfer'은 암호화폐 시장의 가장 견고한 내러티브 중 하나다. 새로운 세대는 금보다 비트코인이 더 익숙하고, 더 신뢰하며, 이런 변화는 비트코인이 사라지지 않고 살아남을수록 신뢰가 기하급수적으로 증가한다는 '린디 효과'를 증명하고 있다. 비트코인 내러티브는 가격이 폭락하는 하락장에서도 투자자들이 자산을 던지지 않고 보유하게 만드는 심리적 기저를 제공한다.

린디 효과Lindy Effect: 나심 탈레브(Nassim Taleb)가 널리 알린 '린디 효과'는 "수명이 정해지지 않은 기술이나 아이디어는 과거에 살아남은 시간만큼 미래에도 살아남을 확률이 비례해서 증가한다"는 법칙이다.

1960년대 뉴욕 브로드웨이 근처에는 코미디언과 배우들이 자주 모이던 '린디스(Lindy's)'라는 식당(델리)이 있었다. 이곳에 모인 코미디언 사이에서 하나의 경험 법칙이 생겨났다. "어떤 브로드웨이 연극이 100일 동안 연속 공연을 했다면 앞으로 100일은 더 무대에 오를 수 있을 것이다". 오랫동안 살아남은 작품일수록 앞으로도 더 오래 살아남을 확률이 높다는 사실을 깨달은 것이다.

이 개념은 1964년 미국의 비평가 앨버트 골드만(Albert Goldman)이 잡지 '더 뉴 리퍼블릭(The New Republic)'에 기고한 글에서 '린디의 법칙'이라고 처음 소개하며 세상에 알려졌다. 나심 탈레브는 레바논 출신의 미국 철학자이자 통계학자, 전직 월스트리트 파생상품 트레이더였다. 세계적인 베스트셀러 <블랙스완(The Black Swan)>(2007)의 저자로 가장 잘 알려져 있다. 탈레브가 2012년 출간한 그의 또 다른 명저 <안티프래질(Antifragile)>에서 이 '린디 효과'를 본격적으로 차용하고 철학적으로 확장했다.

시스템 붕괴에 대한 보험으로서의 내러티브: 지정학적 갈등과 전통 금융 시스템의 불안정성이 커질수록 '무국적 자산'으로서의 비트코인 내러티브는 강화된다. 2025년 중반 발생한 중동의 긴장 국면에서 비트코인이 안전 자산과 유사한 움직임을 보인 것은 비트코인이 정부의 통제에서 벗어난 '자유로운 자본'이라는 인식이 대중화되었음을 보여준다. 이러한 이야기는 위기의 순간마다 비트코인으로의 자본 도피Flight to Quality를 정당화하는 논리적 근거가 된다.

3. 모멘텀: 상승의 타이밍과 추세추종

모멘텀은 가격 변화의 속도와 강도를 의미한다. 비트코인 시장은 가격이 상승할수록 긍정적인 내러티브가 강화되고 이것이 다시 추가 매수를 부르는 조지 소로스George Soros의 '재귀성Reflexivity' 원리가 가장 극단적으로 나타나는 곳이다.

조지 소로서의 재귀성: 이 이론은 '시장은 언제나 합리적이고 효율적이다'라는 주류 경제학의 기본 전제를 정면으로 반박하며 시장에 왜 항상 거품(Bubble)과 폭락(Crash)이 발생하는지를 설명한다.
"인식이 현실을 만들고, 현실이 다시 인식을 바꾼다" 투자자들이 특정 자산이 오를 것이라고 착각(편견)하고 매수하면 실제로 가격이 오른다(현실 변화). 오른 가격은 사람들의 생각을 "봐, 내 말이 맞지?"라며 더욱 확신하게 만든다(인식 강화). 투자자의 생각과 시장의 현실이 서로 영향을 주고 받으며 양방향 피드백 루프를 형성하는 것을 '재귀성'이라고 부른다. 조지 소로서는 이 재귀성의 원리를 역으로 활용하여 1992년 영국 중앙은행을 굴복시켜 단 며칠 만에 10억 달러의 수익을 낸 전설적인 '파운드화 공매도 사건(검은 수요일)'의 주인공이기도 하다.

ETF 유입의 관성과 '감마 스퀴즈 Gamma Squeeze**':** 2024년 출시된 현물 ETF는 시장의 모멘텀 구조를 근본적으로 바꾸어 놓았다. 과거 개인 투자자 중심의 모멘텀은 일시적이고 파편적이었으나 기관 자본이 유입되는 2024년 이후의 모멘텀은 훨씬 묵직하고 장기적인 추세를 형성했다. ETF 옵션 시장의 활성화는 시장에 '감마 스퀴즈' 효과를 가져왔다. 가격이 일정 수준 이상 상승하면 옵션 매도자들이 위험 관리를 위해 현물 비트코인을 대량으로 매수해야 하는 상황이 발생하면서 이는 상승에 상승을 더하는 가속 장치를 만든다.

> **감마 스퀴즈**: 파생상품(옵션) 시장의 구조적 특성 때문에 기초 자산(주식이나 비트코인 등)의 가격이 비정상적으로 걷잡을 수 없이 폭등하는 현상을 뜻한다. 기초 자산의 가격이 1달러 움직일 때 옵션 가격이 얼마나 변하는지를 나타내는 속도가 '델타'다. '감마'는 기초 자산의 가격이 1달러 움직일 때 델타 값이 얼마나 변하는지 나타내는 '가속도'다.
> 감마 스퀴즈가 '옵션 시장'에서 발생하는 매수 폭발이라면 '선물 시장'에서 공매도 세력이 청산당하며 발생하는 또 다른 폭등 매커니즘 '숏 스퀴즈(Short Squeeze)'가 있다.

온체인 공급 스퀴즈와 파생 상품의 숏 스퀴즈 연쇄 폭발: 글래스노드 Glassnode가 추적하는 '장기 보유자Long-term Holder, LTH' 비중이 75%를 상회하는 구간에서는 시장에 유통되는 물량이 극도로 희소해진다. 글래스노드는 비트코인을 지갑에 넣고 '155일 이상' 움직이지 않은 주체를 LTH로 정의한다. LTH 물량이 전체 비트코인 유통량의 75%를 넘어서는 구간은 시장의 유통 물량이 극도로 말라 붙는다. 이때 기관의 대규모 매수나 긍정적인 정책 발표와 같은 트리거가 발생하면 공급 부족으로 인해 가격이 수직 상승하는 모멘텀이 발생한다. 선물 시장에서 가격 하락에 베팅했던 공매도 세력들은 청산 위기에 처한다. 포지션 청산을 위해 비트코인을 급하게 사들여야 하며 이 강제 매수세가 가격을 이중으로 폭등시킨다.

알고리즘 매매와 고빈도 매매^{HFT}**의 영향**: 시장 모멘텀의 상당 부분은 알고리즘에 의해 주도된다. 특정 기술적 지표^{예: 120일 이동평균선 돌파}가 활성화될 때 수조 원 규모의 알고리즘 자금이 동시에 매수 포지션에 진입하며 모멘텀을 폭발시킨다. 이는 가격의 오버슈팅^{Overshooting}을 유발하며 개인 투자자들에게는 강력한 '포모^{FOMO}'를 일으키는 원인이 된다. 모멘텀을 읽는 것은 이제 인간의 심리를 읽는 것을 넘어 기계의 로직을 읽는 영역으로 확장되었다.

> 오버슈팅: 자산의 가격이나 환율 등이 어떤 충격이나 호재에 반응하여 단기적으로 '이론적인 적정 가치'를 크게 벗어나 지나치게 폭등하는 현상을 말한다. 악재로 인해 폭락할 경우는 '언더슈팅'이라고 부른다.
> 금융권에서는 호재나 악재, 폭등이나 폭락에 관계없이 과도한 변동성 자체를 '오버슈팅'이라고 부르는 경우도 많다. 현재 가격 상승이 건전한 추세인가? 아니면 곧 거품이 꺼질 오버슈팅인가?를 잘 구분하려고 해야 한다.

4. 정책: 시장의 경로를 결정하는 이정표

정책은 시장의 불확실성을 제거하여 거대 자본이 진입할 수 있는 라이선스를 부여하거나 반대로 새로운 규제의 장벽을 형성하는 결정적인 변수다.

미국의 규제 명확성 확보: 2025년 1월 트럼프 행정부와 공화당이 의회를 장악한 이후 미국의 가상자산 정책은 '집행을 통한 규제'에서 '산업 진흥'으로 완전히 선회했다. SEC^{증권거래위원회} 의장 교체와 'FIT21^{21세기 금융혁신과 기술 법안}'의 전면 시행은 그간 시장을 짓눌렀던 증권성 논란을 종식시켰다. 이는 보수적인 연기금과 보험사들이 법적 리스크 없이 조 단위의 자금을 배분할 수 있는 표준 가이드라인을 제공했으며 정책이 단순한 규제가 아닌 시장 확장의 촉매제로 작용하기 시작했음을 의미한다. 정책적 명확성은 '리스크 프리미엄'을 낮추어 자산의 밸류에이션을 한 단계 격상시킨다. 2026년 '클래리티 법안'의 통과는 암호화폐 산업의 도약에 이정표가 될 것이다.

국가 간 규제 경쟁: 유럽의 미카^{MiCA} 법안 안정화, 홍콩의 글로벌 가상자산 허브 선언, 중동^{UAE, 사우디}의 디지털 자산 유치 경쟁은 전 세계적인 '규제 차익^{Regulatory Arbitrage}' 환경을 조성했다. 한 국가가 우호적인 정책을 발표하면 자산과 인재가 그곳으로 쏠리고 이에 위기감을 느낀 다른 국가들이 더 나은 조건을 제시하는 경쟁 구도가 형성된 것이다. 각국 정부가 비트코인을 제도권 내로 편입시키고 수탁과 결제 인프라를 구축하는 정책을 내놓을 때마다 비트코인의 가치는 단계적으로 조정되며 새로운 가격 영역으로 진입하게 된다.

출처 (References)

JPMorgan: "September 2024 Fed Meeting: Fed Cuts Rates by Half Point to Support Economy", 2024.09. 연준 금리 인하 분석.

플립스터 (Flipster): "Bitcoin Market Cycles and Global M2 Money Supply: A Historical Analysis", 비트코인과 글로벌 유동성 0.94 상관관계 분석 자료.

비트코인 매거진 프로 (Bitcoin Magazine Pro): "Global Liquidity (M2) vs Bitcoin Price", 글로벌 M2와 비트코인 가격 상관관계 차트.

아캄 (Arkham Intelligence): "How Stablecoins Reached a $300 Billion Market Cap in 2025", 2025년 스테이블코인 시장 분석 리포트.

세룰리 어소시에이츠 (Cerulli Associates): "Press Release: Cerulli Anticipates $84 Trillion in Wealth Transfers Through 2045", 부의 대전환 84조 달러 예측 보고서.

뱅크레이트 (Bankrate): "An $84 Trillion Wealth Shift Is Underway, And You May Inherit A Piece", 부의 대전환 분석 기사.

위키피디아 (Wikipedia): "Great Wealth Transfer", 부의 대전환 개념 설명.

위키피디아 (Wikipedia): "Lindy Effect", 린디 효과 개념 및 역사 설명.

나심 탈레브 미디엄 (Medium/INCERTO): "An Expert Called Lindy", 린디 효과 상세 설명 에세이

조지 소로스 재단 (Open Society Foundations): "George Soros – General Theory of Reflexivity – Transcript", 재귀성 이론 강의 자료.

조지 소로스 재단 (Open Society Foundations): "George Soros – Financial Markets – Transcript", 금융 시장과 재귀성 강의 자료.

EBC 파이낸셜 그룹 (EBC Financial Group): "George Soros Strategy: Lessons from the Man Who Broke the BoE", 1992년 파운드화 공매도 사건 분석.

코인데스크 (CoinDesk): "Bitcoin Long–Term Holder Supply Hits 8–Month Low as This Cycle Breaks from Historical Patterns", 2025.12.17. 장기 보유자 공급량 분석.

레이섬앤왓킨스 (Latham & Watkins): "US Crypto Tracker Legislative Developments", FIT21 및 CLARITY Act 입법 동향.

리드스미스 (Reed Smith): "U.S. Digital Asset Update: Trump Administration Developments and Re-emergence of FIT21", 2025.02. 트럼프 행정부 가상자산 정책 분석.

유럽증권시장감독청 (ESMA): "Markets in Crypto-Assets Regulation (MiCA)", MiCA 규정 공식 페이지.

프랑스 금융시장감독청 (AMF): "The European Regulation Markets in Crypto-Assets (MiCA)", MiCA 규정 상세 안내.

디파이라마 (DefiLlama): "Stablecoins Circulating", 스테이블코인 유통량 및 시가총액 실시간 데이터.

블랙록 (BlackRock): "iShares Bitcoin Trust ETF | IBIT", IBIT 펀드 공식 페이지.

코인글래스 (CoinGlass): "Bitcoin ETF Fund Flows", 비트코인 ETF 자금 흐름 데이터.

코인글래스 (CoinGlass): "Bitcoin Long Term Holder Realized Price (LTH)", LTH 155일 정의 및 실현 가격 데이터.

양자 컴퓨팅과 해킹 위험의 진실

비트코인의 가치가 급격히 상승하고 국가 전략 비축 자산Strategic Reserve Asset으로 공식 편입될 예정으로 있다 보니 비트코인 시스템의 기술적 무결성에 대한 우려는 그 어느 때보다 높다. 그중에서도 가장 자주 언급되는 위협으로 꼽히는 것이 바로 양자 컴퓨팅Quantum Computing의 발전이다. '양자 위협Quantum Threat'으로 비트코인이 해킹 당할 수도 있다는 불안감이 뉴스에 자주 등장한다. 양자 컴퓨터의 기술적 발전과 비트코인 네트워크의 대응 시나리오를 살펴본다.

양자 컴퓨팅의 위협 매커니즘: 쇼어 알고리즘(Shor's Algorithm)

비트코인의 보안은 타원곡선암호ECDSA, Elliptic Curve Digital Signature Algorithm라는 비대칭 암호 체계에 절대적으로 의존한다. 이는 공개키Public Key를 통해 개인키Private Key를 유추해내는 과정이 현대의 슈퍼컴퓨터로도 수조 년 이상의 시간이 소요되는 '이산 로그 문제Discrete Logarithm Problem'의 난해함에 있다. 양자 컴퓨터의 등장으로 비트코인 암호의 수학적 견고함이 의심받고 있다.

양자 컴퓨터는 양자역학의 원리인 중첩^{Superposition}과 얽힘^{Entanglement}을 이용해 수많은 계산을 동시에 수행한다. 1994년 수학자 피터 쇼어^{Peter Shor}가 제안한 '쇼어 알고리즘'은 거대한 숫자를 소인수분해하는데 있어서 기존 컴퓨터와는 비교할 수 없는 압도적인 속도를 내는 혁신적인 수학적 해법으로 비대칭 암호의 핵심인 소인수 분해와 이산 로그 문제를 지수 시간이 아닌 다항 시간^{Polynomial Time} 내에 해결할 수 있게 한다. 이는 충분한 성능을 갖춘 양자 컴퓨터가 공개키를 분석하여 순식간에 개인키를 도출해 낼 수 있으며 가로챈 개인키로 해당 지갑의 비트코인을 주인 허락 없이 탈취할 수도 있다는 것을 의미한다.

실제로 쇼어 알고리즘을 실행하여 현재의 2048비트 RSA 암호를 깨려면 외부 노이즈에 견딜 수 있는^{결함 허용, Fault-tolerant} 수천에서 수백만 개의 논리적 큐비트^{Logical Qubit}를 가진 양자 컴퓨터가 필요한데 이런 양자 컴퓨터가 나오기까지는 꽤 오랜 시간이 걸릴 것으로 예측하고 있다.

양자 컴퓨팅 기술의 현주소와 'Q-Day' 전망

현재 양자 컴퓨팅 기술은 초기 예측을 훨씬 앞지르는 속도로 발전하며 이른바 'Q-Day^{기존 암호 체계가 무너지는 날}'에 대한 긴장감을 높이고 있다.

IBM은 2023년 12월 4일, 1,121 큐비트^{Qubit} 성능의 '콘도르^{Condor}' 프로세서와 양자 오류 수정^{Quantum Error Correction, QEC} 기능을 획기적으로 개선한 '헤론^{Heron}' 아키텍처를 발표하며 큐비트 간의 모듈형 연결성을 극대화했다. IBM은 2033년까지 10만 큐비트급 양자 중심 슈퍼컴퓨터^{프로젝트명 '블루 제이'}로 상용 암호 해독이 가능한 수준까지 도달한다는 야심 찬 계획을 추진

중이다. 도쿄대, 시카고대 등과 협력하여 양자 통신과 모듈형 연결 기술을 개발하고 있다.

구글은 2024년 12월 구글 퀀트 Ai 팀이 오류율을 기하급수적으로 낮춘 '윌로우^{Willow}' 칩을 발표하여 양자 오류 수정^{QEC}의 역사적 이정표를 세웠다. 구글의 공식 발표에 따르면 현존 세계 최고 성능의 슈퍼컴퓨터로 10자 년^{10 Septillion, 10의 25승 년}이 걸릴 복잡한 연산^{RCS} 벤치마크을 단 5분 만에 완료했다고 발표했다. 이 발표 이후에도 비트코인 해킹에 관한 걱정을 하는 기사가 많았다.

마이크로소프트^{MS}와 협력 중인 퀀티뉴엄^{Quantinuum}은 2024년 4월과 9월에 물리적 큐비트의 한계를 극복하고 실용적인 '논리적 큐비트^{Logical Qubit}'를 생성했다. 4월 발표에서는 물리적 큐비트 대비 논리적 큐비트의 오류율을 무려 800배 낮추는데 성공했다. 9월에는 12개의 논리적 큐비트를 얽힘 상태로 구현하는데 성공했다.

비트코인의 256비트 ECDSA 암호를 실시간으로 해킹하기 위해서는 약 1,300만~3억 1,700만 개의 물리적 큐비트 또는 수천 개의 오류가 완전히 통제된 완벽한 논리적 큐비트가 필요할 것으로 학계는 보고 있다. 현재의 기술 가속도를 고려할 때 비트코인 해킹이 현실화될 수 있는 'Q-Day'는 2030년대 중반에서 2040년 사이로 전망된다. 씨티그룹의 2026년 양자 위협 보고서에 따르면 Q-Day가 도래할 확률을 2034년까지 약 19~34%, 2044년까지 60~82%로 추산하며 2030년대를 핵심 위험 구간으로 보았다. 이더리움 창시자 비탈릭 부테린은 "2030년 이전에 양자 컴퓨터가 암호를 깰 확률은 20%에 달하며 가장 유력한 시기는 2040년경"이라고 경고했다.

비탈릭 부테린의 양자 컴퓨팅 위험 예상, CCN

비트코인의 방어 기제: 양자 내성 암호(PQC)로의 전환

비트코인 생태계도 양자 컴퓨팅의 위협에 방관하며 손 놓고 있지는 않는다. 기본적으로 양자 내성 암호^{PQC, Post-Quantum Cryptography}로 맞대응을 할 예정이다. 비트코인은 2021년 적용된 탭루트^{Taproot} 업그레이드로 슈노르^{Schnorr} 서명을 도입해 복잡한 스크립트를 간결하게 처리할 수 있는 기반을 마련했다. 이를 바탕으로 NIST^{미국 국립표준기술연구소}에서 포스트 양자 암호 표준으로 선정한 '딜리슘^{Dilithium /ML-DSA}'과 같은 격자 기반 암호^{Lattice-based Cryptography}는 쇼어 알고리즘으로 해독이 불가능하다. '람포트^{Lamport}'나 '윈터니츠^{Winternitz}' 서명 방식은 오직 해시 함수의 일방향성에만 의존하므로 양자 내성이 매우 뛰어나 양자 컴퓨터의 역산 시도를 원천 봉쇄할 수 있다. 기존 서명보다 데이터 용량이 크다는 단점이 있지만 이를 최적화하는 연구^{예: BIP 360 제안 등}가 진행 중이다.

양자 컴퓨터가 위험한 이유는 공개키를 바탕으로 개인키를 빠르게 역산하는 '쇼어 알고리즘' 때문이다. 비트코인의 강력한 방어 전략 중 하나는 '주소 해싱' 과정이다. 사용자가 비트코인을 전송하기 전까지 네트워크에는 공개키가 노출되지 않고 오직 공개키를 두 번 해시^{SHA-256, RIPEMD-160}한 주소값만 공개된다. 양자 컴퓨터라 할지라도 해시 함수의 결과값에서 원본을 찾아내는 '그로버 알고리즘$^{Grover's\ Algorithm}$'은 효율이 낮아 해킹이 사실상 불가능하다. 따라서 '한 번 사용한 주소는 절대 재사용하지 않는다'는 보안 원칙만 준수한다면 전송 전의 자산은 양자 위협으로부터 안전하다. 2026년 현재 대다수의 콜드 월렛$^{Cold\ Wallet}$은 코인을 받을 때마다 수학적으로 연결된 '새로운 주소'를 무한대로 생성해 주기 때문에 지갑 주소 재사용을 원천 차단한다. 양자 위협이 현실화 되는 시점인 Q-Dday가 다가오면 거래소 지갑 주소 체계도 기존 입금 주소 사용을 전면 중단하고 양자 내성 암호^{PQC}가 적용된 새로운 입금 주소를 발급받도록 안내할 것이다. 메타마스크를 주로 사용하는 이더리움 지갑은 이미 공개키가 노출되어 있는 상황이라 가장 먼저 해킹의 타깃이 될 수밖에 없다. 비탈릭 부테린은 이미 비상 로드맵을 발표했다. 계정 추상화$^{ERC-4337}$와 양자 비상 하드포크를 준비 중이다. 근데 이보다 더 빠르게 대응해야 할 이슈가 있는데 그것이 바로 HNDL/SNDL 이다.

'HNDL(Harvest Now Decrypt Later, 수확 후 해킹)' 리스크

2026년 1월 a16z 크립토 자료에 따르면 암호학적으로 의미 있는 양자 컴퓨터는 2030년 이전에 등장할 가능성이 낮다고 한다. 양자 컴퓨터의 위협은 '암호화'와 '디지털 서명'을 나누어서 대응해야 한다는 것이 핵심이다. HNDL 또는 SNDL$^{Store\ Now\ Decrypt\ Later,\ 저장\ 후\ 해킹}$이라고 알려진 공격 때문이다. (이하 HNDL) 장기 기밀성이 필요한 데이터는 빠르게 양자 내성 암호화 도입이 필요하다는 것이다. 현재 HNDL 공격으로 블록체인 트래픽을 미리 저장해 둔 후에 나중에 양자 컴퓨터가 충분히 실용화가 되면 그때 저장해 둔 자료를 꺼내서 암호해독을 한다는 공격이다.

여기서 암호화된 데이터는 HNDL 공격을 받을 수 있어 선제적으로 대응을 해야 하고 디지털 서명과 영지식 증명은 HNDL 취약성이 없어 시간을 가지고 대응을 해도 된다.

a16zcrypto

Quantum computing and blockchains: Matching urgency to actual threats

Justin Thaler

12.06.25

HNDL 공격에 대한 대비, a16z crypto

투자자들이 주목해야 할 실질적이고 즉각적인 리스크는 현재의 암호화된 데이터를 미리 수집해두었다가 수년 후 성능 좋은 양자 컴퓨터가 개발되었을 때 이를 소급하여 해킹하는 HNDL 공격이다. 현재 국가 단위로 운영되는 해커들이 양자 컴퓨터가 등장할 때 복호화하기 위해 암호화된 통신 내용을 수집, 저장하고 있다. 향후 15~50년에 걸친 장기 기밀성이 요구되는 데이터는 빠른 양자 내성 암호화 도입이 필요하다. 크롬 브라우저, 클라우드플레어CloudFlare, 애플의 아이메시지iMessage, 시그널S Signal 메신저 등은 기존 암호화와 호환되는 하이브리드 양자 내성 암호화를 이미 도입했다. 디지털 서명과 영지식 증명은 나중에 양자 컴퓨터가 등장하더라도 양자 컴퓨터 등장 이전에 생성된 과거 디지털 서명을 위조할 수 없고 이전에 생성된 영지식 증명도 신뢰 가능한 상태로 유지된다고 한다.

비트코인이 처음 탄생했던 2009년부터 2010년 초반에는 비트코인을 주고받거나 채굴 보상을 받을 때 P2PK^{Pay-to-Public-Key} 방식을 사용했다. 이름 그대로 공개키 전체를 블록체인 장부에 투명하게 그대로 기록했다. 오늘날 쓰이는 P2PKH나 세그윗^{SegWit} 주소들은 진짜 공개키를 숨기고 이를 수학적으로 암호화한 해시값만 보여준다. 2010년 이전에 생성되어 예전 P2PK 방식으로 거래했던 '레거시^{Legacy}' 주소의 공개키는 양자 컴퓨터의 쇼어 알고리즘에 그대로 노출되어 있다. 가장 위험하다.

여기에는 사토시 나카모토의 소유로 추정되는 약 110만 개의 비트코인도 포함된다. 딜로이트 양자 컴퓨터 위험 보고서에 따르면 블록체인 전수 조사를 통해 현재 유통되는 전체 비트코인의 약 25%(약 400만 개 이상)가 공개키가 노출된 상태로 방치되어 있어 양자 공격에 취약한 상태라고 공식 발표했다. 2026년 씨티그룹의 보고서에도 비트코인 공급량의 약 25%가 양자 노출 상태임을 재확인했다.

사토시 110만 비트코인 어떻게? 비트코인 커뮤니티 개발자들은 훗날 양자 컴퓨터가 등장했을 때 그때까지도 사토시가 나타나지 않는다면 110만 개의 사토시 비트코인을 해킹 당하게 내버려 둘 것인지 아니면 하드포크 할 때 영구적으로 동결(소각)해 버릴 것인지에 대한 치열한 논쟁을 벌이고 있다. 동결 반대 의견과 동결 찬성 의견이 나뉘고 있는데 현실적으로는 주소 이전을 위한 유예 기간을 주고 유예 기간이 지난 후에는 해킹을 방지하기 위해 영구 소각을 하자는 타협안이다. 타협안으로 진행되더라도 비밀키를 잃어버린 지갑과 주인이 확인되지 않는 지갑은 영구 소각된다. 이는 비트코인 공식 유통량이 크게 줄어드는 것으로 살아남은 비트코인의 가치와 희소성은 더 커져서 비트코인 가격이 폭등할 것이라는 시나리오가 등장한다.

비트코인 지갑 유형별 취약성 차이: 모든 비트코인 지갑이 같은 수준으로 위험한 것은 아니다.

지갑 유형	취약성 수준	이 유
P2PK (Pay-to-Public-Key)	매우 높음	사토시 나카모토의 초기 코인이 저장된 방식으로 공개키가 블록체인에 그대로 노출되어 있어 CRQC의 즉각적인 표적이 된다.
P2PKH (Pay-to-Public-Key-Hash)	낮음 (미사용 시)	대부분의 현대적 지갑이다. 공개키를 한 번 해시(Hash)한 주소를 사용하므로 코인을 한 번도 보내지 않았다면 공개키가 노출되지 않아 안전하다.
트랜잭션 발생 시	매우 높음	코인을 전송하는 순간 공개키가 네트워크에 공개된다. CRQC는 전송이 승인되기 전(Mempool 대기 시간)에 개인키를 탈취하여 가로채기 공격을 할 수 있다.

양자 컴퓨터는 비트코인의 종말이 아닌 발전의 계기가 될 것이다. 과거에도 비트코인은 수 차례의 보안 위협을 하드포크(Fork)를 통해 해결해 왔다. 양자 컴퓨터에 대한 실질적인 위협이 다가오는 시점이 되기 전에 새로운 하드포크가 벌어질 것이다. 보안 자산의 재정의가 필요하다. 양자 컴퓨팅CRQC 시대에는 단순히 자산을 보유한다는 개념이 아니라 '어떤 보안 표준을 따르는 지갑에 보관하느냐'가 자산의 가치를 결정하는 핵심 요소가 될 것이다. 양자 내성을 지원하느냐 아니냐가 보안에서 매우 중요한 이슈로 떠오를 것이다.

결국 양자 컴퓨팅과 비트코인 보안의 대결은 '창과 방패'의 싸움이다.

양자 컴퓨터가 실질적인 해킹 능력을 갖추는 속도보다 비트코인 네트워크가 양자 내성 알고리즘을 채택하고 사용자들이 자산을 이동시키는 속도가 더 빠를 것이라는 것이 업계의 지배적인 시각이다.

양자 컴퓨팅은 비트코인을 파괴할 종말의 도구가 아니라 비트코인이 또 한 번의 거대한 기술적 진화를 이뤄내기 위한 필연적인 기술 로드맵의 한 과정으로 인식하면 된다. 개인 투자자 차원에서는 주소 재사용을 금지하는 보안 습관을 유지하고 향후 공지될 양자 내성 주소로의 자산 이동 업데이트 시기에 맞춰 적절하게 대응하는 자세가 요구된다. 비트코인은 지난 17년간 수많은 공격을 버텨내며 진화해 왔으며 양자 컴퓨터라는 거대한 파도 역시 비트코인의 회복 탄력성Resilience을 증명하는 또 다른 무대가 될 것이다.

출처 (References)

IBM: "IBM Debuts Next-Generation Quantum Processor & IBM Quantum System Two, Extends Roadmap to Advance Era of Quantum Utility", 2023.12.04. 발표

구글 퀀텀 AI (Google Quantum AI): "Meet Willow, our state-of-the-art quantum chip", 2024.12.09. 발표.

네이처 (Nature): "Quantum error correction below the surface code threshold", Google Quantum AI 연구 논문, 2024.12.09. 게재.

마이크로소프트 공식 블로그 (Microsoft Official Blog): "Advancing science: Microsoft and Quantinuum demonstrate the most reliable logical qubits on record with an error rate 800x better than physical qubits", 2024.04.03. 발표.

마이크로소프트 애저 퀀텀 블로그 (Microsoft Azure Quantum Blog): "Microsoft and Quantinuum create 12 logical qubits and demonstrate a hybrid, end-to-end chemistry simulation", 2024.09.10. 발표.

씨티그룹 (Citigroup): "The Quantum Threat", Citi Global Perspectives & Solutions, 2026.01. 발행.

코인텔레그래프 (Cointelegraph): "Why Vitalik believes quantum computing could break Ethereum's cryptography sooner than expected", 2025.12.01. 보도.

딜로이트 (Deloitte): "Quantum computers and the Bitcoin blockchain", 비트코인 25% 양자 취약 분석.

코인쉐어스 (CoinShares): "Quantum Vulnerability in Bitcoin: A Manageable Risk", 2026년 초 분석 리포트.

리버 파이낸셜 (River Financial): "Will Quantum Computing Break Bitcoin?", 비트코인 양자 위협 및 BIP-360 분석.

코인텔레그래프 (Cointelegraph): "What happens to Satoshi's 1M Bitcoin if quantum computers go live?", 사토시 비트코인 P2PK 주소 양자 취약성 분석, 2025.11.15. 보도.

미국 국립표준기술연구소 (NIST): "NIST Releases First 3 Finalized Post-Quantum Encryption Standards", FIPS 203, 204, 205 발표, 2024.08.13.

미국 국립표준기술연구소 (NIST): "FIPS 204, Module-Lattice-Based Digital Signature Standard (ML-DSA)", CRYSTALS-Dilithium 기반 디지털 서명 표준, 2024.08.13. 발표.

a16z 크립토 (a16z crypto): "Quantum computing and blockchains: Matching urgency to actual threats", HNDL 공격 및 블록체인 양자 대응 분석, 2025.12. 게재.

연방준비제도 (Federal Reserve): "Harvest Now Decrypt Later: Examining Post-Quantum Cryptography Implications for Distributed Ledger Networks", FEDS Notes 연구 논문.

클라우드플레어 (Cloudflare): "State of the post-quantum Internet in 2025", 2025년 포스트 양자 인터넷 현황.

BIP 360 공식 페이지: "BIP 360: Pay to Quantum Resistant Hash (P2QRH)", Hunter Beast, Ethan Heilman, Isabel Foxen Duke 공동 제안.

비트코인 매거진 (Bitcoin Magazine): "Bitcoin Advances Toward Quantum Resistance With BIP 360", BIP 360 깃허브 저장소 병합 보도, 2026.02.13.

체인코드 랩스 (Chaincode Labs): "Bitcoin and Quantum Computing: Current Status and Future Directions", 비트코인 포스트 양자 연구 보고서, 2025.05. 발표.

델빙 비트코인 (Delving Bitcoin): "Proposing a P2QRH BIP towards a quantum resistant soft fork", BIP 360 제안 토론, 2024.06.08. 게시.

비트와이즈, 2026년 암호화폐 시장
10가지 전망

비트와이즈Bitwize에서 발행한 '2026년 암호화폐 시장 10가지 전망' 보고서는 10가지 주요 전망을 제시하며 디지털 자산의 밝은 미래를 예측한다. 암호화폐 시장이 단순한 투기적 자산 단계를 넘어 성숙한 제도권 금융자산으로 전환되고 있다는 것을 강조했디. 보고서는 2026년이 암호화폐가 변동성이 높은 틈새 자산에서 기관이 주도하고 규제가 뒷받침하며 실물 경제에 영향을 미치는 주류 자산으로 완전히 자리매김하는 원년이 될 것이라는 낙관적 전망을 담고 있다.

비트코인이 4년 주기 패턴을 벗어나 새로운 최고가를 경신하고 2025년 연간 변동성도 엔비디아 주식보다 낮았다. 현물 ETF를 통한 기관 자금 유입이 채굴 공급량을 압도하면서 시장 가격 상승의 핵심 동력이 되었다. 암호화폐 전반적인 규제 환경의 개선이 이루어질 경우 이더리움과 솔라나 같은 주요 자산들이 동반 상승하며 암호화폐 관련 기업 주식들이 일반 기술주보다 더 높은 수익을 올릴 것으로 기대한다. 스테이블코인의 확산과 예측 플랫폼인 폴리마켓의 성장과 미국 아이비리그 대학 기금의 본격적인 투자 참여 등이 시장의 성숙을 이끌 것으로 전망했다. 암호화폐와 전통 주식 시장 간의 상관관계가 약화 되면서 디지털 자산이 독자적인 투자 영역으로 자리 잡을 것이라는 점을 강조했다.

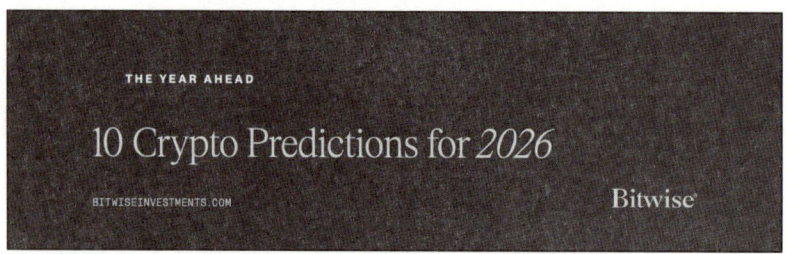

2026년 암호화폐 10가지 전망, 비트와이즈

비트코인 4년 주기론은 잊어라

비트코인 시장을 오랫동안 지배해 온 4년 주기설이 2026년에는 더 이상 유효하지 않을 것이며 오히려 사상 최고가를 경신할 것이라고 전망한다. 역사적으로 비트코인은 3년의 상승과 1년의 급격한 하락이라는 패턴을 반복해 왔으며 이 주기에 따르면 2026년은 하락장이 되어야 하는 시기다. 그러나 보고서는 과거 주기를 이끌었던 반감기, 금리, 레버리지와 같은 기존의 동력들이 현저히 약해졌음을 지적하며 과거와는 다른 양상이 펼쳐질 것이라고 분석했다.

4년 주기의 핵심이었던 반감기 효과는 회차를 거듭할수록 비트코인 발행량이 수학적으로 절반씩 감소하고 있고 최근 반감기의 공급량이 시장과 가격에 미치는 영향력이 현저히 줄어들었다. 과거 하락장이었던 2018년과 2022년은 금리가 급격히 상승하던 시기였으나 2026년은 금리 인하가 예상되므로 거시경제적 환경 자체가 다르다. 2025년 10월의 기록적인 청산 이후 시장 내 레버리지가 축소되었고 규제 환경이 개선됨에 따라 시장을 붕괴시킬 만한 대형 파산의 가능성도 낮아졌다.

무엇보다 중요한 변화는 기관 투자자들의 자본이 시장을 이끄는 새로운 핵심 동력이 되었다는 점이다. 2024년 승인된 비트코인 현물 ETF를 통해 시작된 자금 유입은 2026년에 더욱 가속화될 것으로 보인다. 모건 스탠리, 웰스 파고, 메릴 린치와 같은 거대 금융 플랫폼들이 고객 포트폴리오에 암호화폐를 본격적으로 배분하기 시작할 것이기 때문이다.

트럼프 행정부 출범 후 친암호화폐적인 규제 환경 속에서 월스트리트와 핀테크 기업들이 암호화폐를 적극적으로 채택함에 따라 비트코인은 단순한 주기적 등락을 넘어 지속적인 상승세를 탈 것으로 예상된다. 보고서는 이러한 요인들이 결합하여 비트코인이 새로운 고점을 돌파할 것이며 결과적으로 4년 주기론은 역사의 뒤안길로 사라지게 될 것이라고 정리했다.

비트코인 변동성이 엔비디아 보다 낮을 것이다

암호화폐 시장에서 가장 흔한 비판 중 하나는 비트코인에 투자하려니 지나치게 변동성이 크다는 말이다. 보고서는 이 비판에 대해 정면으로 반박하며 비트코인의 변동성 위험이 과거에 비해 현저히 낮아졌다는 것을 강조한다. 실제로 2025년 한 해 동안의 데이터를 살펴보면 비트코인은 주식 시장에서 가장 인기 있는 종목 중 하나인 엔비디아보다 오히려 낮은 변동성을 기록했다. 이는 비트코인이 더 이상 투기적인 등락만을 반복하는 불안정한 자산이 아님을 증명하는 중요한 지표다.

이러한 변화는 일시적인 현상이 아니라 지난 10년 동안 꾸준히 진행되어 온 구조적인 추세다. 보고서는 비트코인이 투자 자산으로서 근본적인 리스크 감소 단계를 거치고 있으며 현물 ETF와 같은 제도권 투자 수단이 도입되면서 투자자 기반이 다변화된 것이 주된 원인이라고 분석한다. 과거 금이 ETF 출시 이후 변동성이 줄어들며 안정적인 자산으로 자리 잡았던 것처럼 비트코인도 비슷한 성숙 과정을 밟고 있다는 것이다. 결과적으로 보고서는 2026년에도 이러한 추세가 이어지며 비트코인이 엔비디아와 같은 고성장 기술주보다 안정적인 가격 흐름을 보일 것이라고 전망했다.

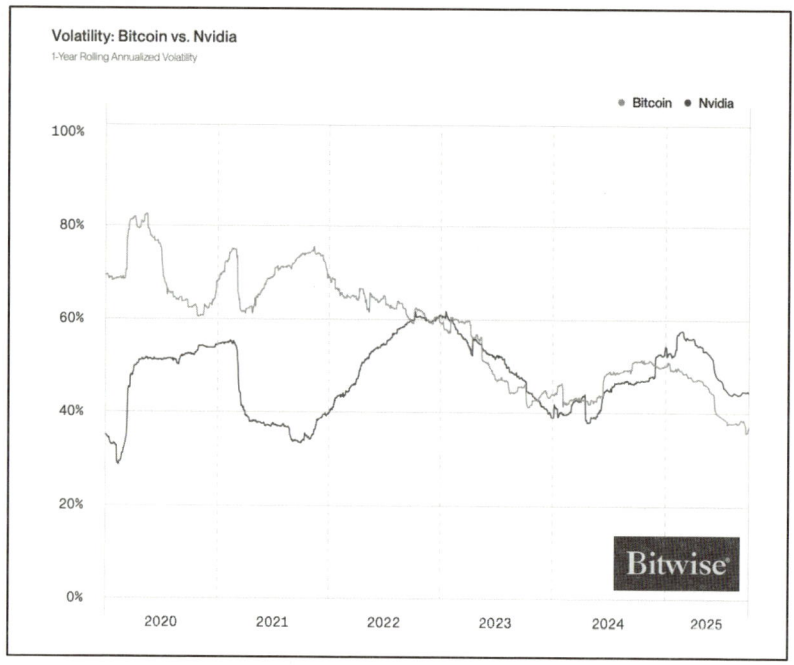

비트코인 vs. 엔비디아 변동성, 비트와이즈

암호화폐 관련 주식의 성과를 주목하라

투자자들은 지난 3년 동안 기술주가 약 140%의 수익률을 기록하며 훌륭한 성과를 냈다고 생각할 수 있지만 보고서는 암호화폐 관련 기업들의 성과가 이를 훨씬 압도했다는 점을 강조한다. 실제로 같은 기간 동안 암호화폐 거래와 인프라 서비스를 제공하는 상장 기업들로 구성된 지수는 무려 585%라는 놀라운 상승률을 기록했다. 보고서는 이러한 추세가 일시적인 현상에 그치지 않고 2026년에는 더욱 가속화될 것이라고 확신했다.

암호화폐 관련 기업들에 대한 성과를 낙관하는 배경에는 암호화폐 규제 환경에 대한 긍정적인 변화가 있다. 암호화폐 규제 불확실성이 걷히면서 규제 준수 기업들이 자유롭게 혁신하고 사업을 운영할 수 있는 환경이 조성되고 있기 때문이다. 이미 코인베이스가 ICO를 재개하거나 서클이 독자적인 레이어 1 블록체인을 출시하는 등 가시적인 움직임이 나타나고 있다. 보고서는 이렇게 암호화폐에 우호적인 규제 환경을 기반으로 암호화폐 신규 상품 출시, 추가적인 수익원 발견, 활발한 인수합병 활동으로 이어질 수 있다고 내다봤다. 2026년 암호화폐 기업들은 월스트리트가 주목할 만큼 강력한 실적을 보여주며 기술주를 능가하는 성장을 이룰 것으로 전망한다.

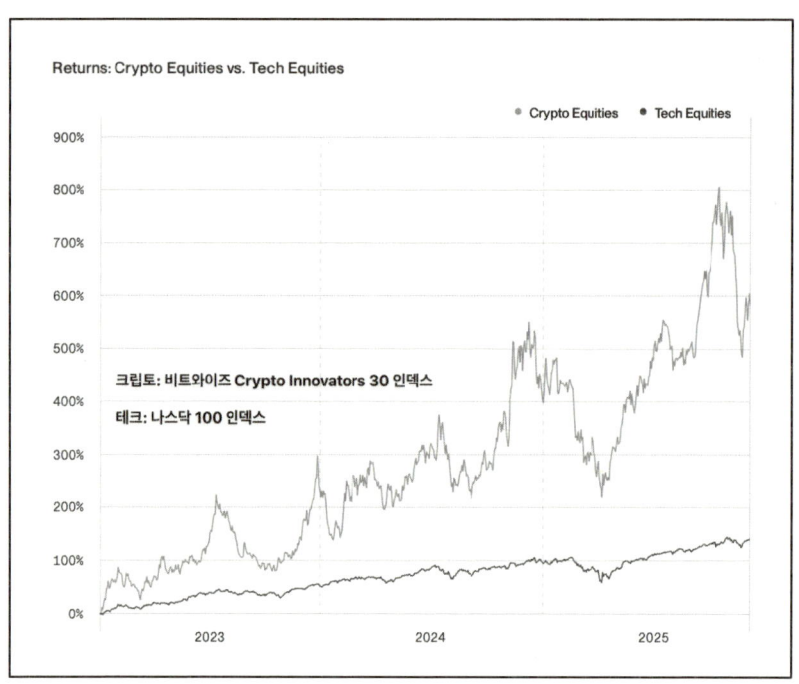

비트와이즈 크립토 인덱스 vs. 나스닥 100 인덱스

폴리마켓, 예측 시장의 성공 가능성을 이끌다

2024년은 예측 시장 플랫폼인 폴리마켓에게 있어 기념비적인 해였다. 미국 대선 기간 동안 미결제약정 규모가 5억 달러에 달하며 폭발적인 성장을 기록했기 때문이다. 선거 이후 수치가 1억 달러 수준으로 급감하자 일각에서는 폴리마켓이 이전의 영광을 되찾기 위해서는 또 다른 대통령 선거가 필요할 것이라는 회의적인 시각을 보내기도 했다. 보고서는 이러한 우려를 일축하며 2026년에는 폴리마켓이 2024년의 선거 시즌 기록을 가볍게 경신하고 사상 최고치를 달성할 것이라고 전망했다.

낙관적인 전망의 첫 번째 근거는 거대한 미국 시장의 개방이다. 그동안 폴리마켓은 미국 내에서 큰 화제가 되었음에도 불구하고 정작 미국

거주자들은 규제 문제로 베팅에 직접 참여할 수 없었다. 2025년 12월 초부터 미국 사용자들에게도 플랫폼이 개방되기 시작하면서 상황이 반전되었다. 2026년부터 정치, 경제, 스포츠, 대중문화 등 다양한 분야에서 미국인들의 자금이 대거 유입되면서 베팅 활동이 폭발적으로 급증할 것으로 예상했다.

두 번째 근거는 강력한 기관의 후원과 이에 따른 인프라 확장이다. 폴리마켓은 최근 뉴욕증권거래소^{NYSE}의 모회사인 인터컨티넨탈 익스체인지^{ICE}로부터 20억 달러 규모의 투자를 유치했다. 투자 자금은 북미아이스하키리그^{NHL}와의 라이선스 계약 체결과 구글 파이낸스에 데이터를 직접 통합하는 등 운영을 고도화하는데 사용되고 있다. 폴리마켓이 단순한 틈새시장을 넘어 주요 금융과 정보 플랫폼으로 확장하고 있다는 것을 의미한다.

마지막으로 베팅 카테고리의 성공적인 다각화와 다가오는 정치 이벤트의 결합이다. 폴리마켓은 정치 테마로 주류 시장에 진입했지만 이미 스포츠, 대중문화, 암호화폐 경제 등 비정치 분야에서도 꾸준한 성장세를 입증했다. 2026년 미국 중간 선거라는 대형 정치 이벤트가 있어 기존의 정치 베팅 수요와 신규 분야의 성장이 맞물려 예측 시장이 전례 없는 활황을 맞이할 것이라고 보고서는 결론짓는다.

보고서에는 없지만 앞으로 예측 시장은 스테이블코인과의 연계도 적극적으로 진행될 것으로 예상된다. 폴리마켓은 폴리곤 네트워크 기반의 탈중앙화 플랫폼으로 글로벌 유동성을 흡수하며 2025년 말 기준 약 90억 달러의 기업 가치로 평가받는다. 경쟁사인 칼시^{Kalshi}는 미국 상품선물거래위원회^{CFTC}의 승인을 받은 합법적인 제도권 플랫폼이다. 달러 기반으로 시작했으나 최근 암호화폐 예치를 지원하고 솔라나 네트워크를 도입하면서 2025년 말 미국 내 거래량 1위를 차지하며 110억 달러의 가치를 인정받았다. 코인베이스와 로빈후드 등도 자체 예측 시장을 런칭하거나 파트너십을 맺으며 2026년 시장의 파이를 키우고 있다. 폴리마켓은 USDC를 기본 통화로 사용하며 결과가 확정되는 즉시 전 세계 어디서든 수수료 거의 없이 24시간 365일 배당금을 스마트 컨트랙트로 자동 정산한다. 앤드리슨 호로위츠[a16z] 등 주요 벤처캐피털은 예측 시장과 Ai 에이전트의 결합에 큰 관심을 보이고 있다. Ai 에이전트들이 뉴스와 데이터를 실시간으로 분석한 뒤 스테이블코인을 이용해 예측 시장에서 0.1초 만에 자동으로 거래하고 차익을 실현하는 구조가 활성화 될 것으로 전망된다. 예측 시장 플랫폼들이 스테이블코인의 유동성 레이어로 작동한다면 스테이블코인과 관련한 흥미로운 숫자들이 등장할 것이다.

달러 스테이블코인, 신흥국 통화 위기 주범이 될 것인가?

달러 스테이블코인 시장이 급격히 성장하여 2026년 말에는 5,000억 달러 규모에 이를 것이며 이 과정에서 신흥국 통화 위기의 주범으로 몰리는 상황이 발생할 것이라고 전망한다. 달러 스테이블코인은 사용자들에게 더 저렴하고 빠른 자금 결제와 송금 수단을 제공하지만 인플레이션으로 고통받는 신흥국 중앙은행들에게는 심각한 위협이 될 것이다.

달러 스테이블코인의 채택은 인플레이션이 높은 지역에서 집중적으로 일어나고 있는데 이는 자국 통화 가치 폭락을 방어하려는 국민들이 상대적으로 안정적인 미 달러화 자산으로 피신처를 찾기 때문이다. 2025년 자국 통화 가치가 80%나 폭락한 베네수엘라가 대표적인 사례다.

신흥국 중앙은행 입장에서 이러한 현상은 통제 불가능한 자본 유출을 의미하므로 위협으로 느낄 것이다. 국제결제은행^{BIS}도 달러 스테이블코인의 광범위한 사용이 각국의 통화 주권을 약화시킬 수 있다고 경고한 바 있다. 보고서는 2026년에는 한 개 또는 두 개의 국가가 자국 통화 불안정의 원인으로 달러 스테이블코인을 지목하고 비난할 것이라고 예측했다. 경제 위기의 근본적인 원인은 달러 스테이블코인이 아니라 해당 국가의 건전하지 못한 통화 정책에 있지만 위기에 몰린 정부가 자신들의 책임을 회피하기 위해 달러 스테이블코인을 희생양으로 삼을 것이라는 것이 보고서의 사전 경고다.

원화 스테이블코인 입법과 관련해서 지지부진하고 은행권 중심으로 달러 스테이블코인에 대한 방어 전략만 고민하고 있는 한국도 달러 스테이블코인에 대해 빠르고 효과적인 대응을 해야 한다. 혁신 금융으로서의 원화 스테이블코인이 글로벌 금융 시장에서 새로운 생태계를 구축할 수 있도록 진입 장벽도 낮추고 테크 기업을 중심으로 빠르게 달려나가야 스테이블코인 시장도 선점하고 국내 시장도 방어할 수 있다.

이더리움과 솔라나, 사상 최고를 기록한다

보고서는 이더리움과 솔라나에 대해 매우 강한 낙관론을 펼치며 이들이 새로운 사상 최고가를 기록할 것이라고 전망했다. 근거는 스테이블코인과 자산 토큰화^{RWA}가 메가트렌드로 자리 잡고 있으며 이 두 블록체인 플랫폼이 그 성장의 가장 큰 수혜자가 될 것이라는 분석이다. 이러한 긍정적인 전망이 실현되기 위해서는 미국 의회에서의 입법이라는 중요한 단서 조항이 달려있다.

2025년에 스테이블코인 관련 법안인 지니어스 법안^{GENIUS Act}이 통과되면서 의미 있는 이벤트가 있었으나 시장이 다음 단계로 나가기 위해서는 암호화폐 사업을 위한 시장 구조를 명확히 하는 클래리티 법안^{CLARITY Act}의 통과가 필수적이다. 클래리티 법안은 암호화폐에 대한 규제 관할권이 증권거래위원회^{SEC}에 있는지 아니면 상품선물거래 위원회^{CFTC}에 있는지를 명확히 구분해 주는 기준이 된다. 암호화폐 사업자를 위한 명확한 규제가 입법으로 확정되지 않는다면 현재의 우호적인 규제 환경이 11월 중간 선거 결과에 따라 얼마든지 급변할 수 있다는 리스크를 안고 있다.

2026년 암호화폐 시장의 방향과 속도는 클래리티 법안의 입법에 달려 있다. 만약 클래리티 법안이 통과되면 암호화폐 시장은 일반 투자자들의 상상을 넘어서는 강력한 폭등장을 맞이할 가능성이 높으며 이더리움과 솔라나가 그 중심에서 사상 최고가를 경신할 것이라고 보고서는 전망했다. 법안 통과가 실패하거나 계속해서 지연되면 암호화폐 시장은 다시 원점으로 돌아가 불확실성을 안고 전전긍긍하는 현실을 마주하게 될지도 모른다. 이 책이 출간되어 독자들이 읽고 있을 시점에는 클래리티 법안이 통과되어 암호화폐 시장이 다시 불붙는 상황이 되길 기대한다.

아이비리그 대학 기금이 암호화폐 투자에 나선다

2026년에 아이비리그 대학 기금의 절반이 암호화폐 투자에 나설 것이라고 전망했다. 브라운 대학교가 아이비리그 중 최초로 비트코인 ETF에 약 500만 달러를 투자하며 그 물꼬를 텄는데 2026년에는 다른 명문 대학들로 빠르게 확산될 것이라고 전망했다.

대학들의 변화가 중요한 첫 번째 이유는 이들 기금이 보유한 막대한 자금력 때문이다. 아이비리그 기금의 총운용 자산은 약 8,710억 달러에 달하며 하버드의 전례를 따라 포트폴리오의 단 1%만 비트코인에 할당하더라도 시장에 유입되는 자금의 규모와 그 파급력은 상당할 것이다.

단순한 자금의 규모보다 더 중요한 것이 바로 이들이 금융 시장에서 가지는 상징성과 트렌드를 이끌어가는 역할이라고 강조했다. 2000년대 초 예일 대학교가 헤지펀드 투자를 적극적으로 받아들이면서 해당 산업이 비약적으로 성장했던 역사가 있다. 마찬가지로 하버드나 다른 아이비리그 대학들이 비트코인에 자금을 배분한다는 사실은 그 자체로 강력한 보증수표가 되어 그동안 관망하던 연기금이나 보험사 등 다른 보수적인 기관 투자자들도 의심을 버리고 시장에 진입할 수 있는 결정적인 계기가 될 것이다.

100개 이상의 새로운 암호화폐 ETF가 출시된다

지난 10년 넘게 암호화폐 ETF를 거부해 왔던 SEC가 법원 판결에 떠밀려 비트코인과 이더리움 ETF를 승인했던 2024년의 역사는 이제 과거의 일이 되었다. 2025년 10월 SEC가 암호화폐 ETF에 대한 포괄적인 상장 기준을 발표하면서 시장의 판도가 완전히 바뀌었음을 강조한다. 이 조치로 인해 개별 상품마다 까다로운 승인을 거쳐야 했던 과거와 달리 이제는 일반적인 규칙 하에서 다양한 암호화폐 ETF가 자유롭게 출시될 수 있는 길이 열렸다.

ETF 상장 관련 규제 완화의 효과는 즉각적으로 나타나 솔라나^{SOL} ETF가 스테이킹 기능을 포함하여 출시되자마자 수억 달러의 자금을 끌어모았고 뒤이어 리플^{XRP}과 도지코인^{DOGE} 관련 상품들도 잇달아 시장에 등장했다. 2026년에는 ETF의 대축제라고 불릴 만한 폭발적인 장이 열릴 것이라고 전망했다. 명확해진 규제 로드맵과 암호화폐 투자 수요가 맞물려 100개 이상의 새로운 암호화폐 연동 ETF가 미국 시장에 쏟아져 나올 것이라는 예측이다.

2026년에 등장할 ETF들은 단순한 현물 상품에 그치지 않고 훨씬 다채로운 형태를 띠게 될 것으로 예상된다. 암호화폐 현물과 스테이킹 수익을 결합한 상품, 암호화폐 관련 기업들의 주식을 담은 ETF, 시장 전반을 아우르는 인덱스 ETF까지 다양한 구조의 상품들이 투자자들에게 매력 발산할 것으로 보인다.

비트코인, 주식과의 상관관계가 더 낮아질 것이다

많은 사람들과 미디어는 비트코인이 주식 시장과 매우 높은 상관관계를 가지고 있다고 믿는 경향이 있다. 보고서는 이러한 생각이 실제 데이터와 다르다고 지적하며 2026년에는 비트코인과 주식 간의 상관관계가 더욱 낮아질 것이라고 전망했다. 90일 이동 상관계수를 기준으로 분석했을 때 비트코인과 S&P 500 지수 간의 상관관계는 통계적으로 낮음과 중간의 경계선인 0.5를 넘은 적이 드물었다.

2026년에 탈동조화 현상이 2025년보다 더욱 뚜렷해질 것으로 예상했다. 주식 시장은 밸류에이션 부담이나 단기적인 경제 성장 둔화 우려로 인해 고전할 수 있는 반면 암호화폐 시장은 독자적인 호재들로 인해 상승할 가능성이 높기 때문이다. 암호화폐 우호적인 규제 환경의 조성이나 기관 투자자들의 본격적인 채택과 같은 암호화폐 고유의 요인들이 주식 시장의 흐름과는 별개로 가격을 강력하게 끌어 올리는 동력이 될 수 있을 것이다.

비트코인이 거시경제의 영향을 일부 받겠지만 주식 시장과 똑같이 움직이는 자산이 아니며 시간이 지날수록 독자적인 움직임이 더욱 강해질 것으로 예상했다. 보고서는 비트코인이 단순한 위험 자산의 하나가 아니라 포트폴리오 다각화에 기여할 수 있는 차별화된 자산임을 강조하고 있다.

비트와이즈의 보고서를 소개한 것은 이 보고서가 전반적인 암호화폐 시장의 지형을 다루고 있기 때문이다. 보고서가 소개하고 전망한 모든 내용이 맞을 수는 없다. 우리는 전문 기관의 보고서가 어떤 요소를 주목하고 어떤 방향으로 바라보고 있는지를 참고하면 된다.

출처 (References)

비트와이즈(Bitwise): "10 Crypto Predictions for 2026", 2025.12. 발행.

부록

포모(FOMO)를 이기는 멘탈 관리

암호화의 변동성을 견딜 수 있는 비결

비트코인 투자에 뛰어들면 전 세계 어떤 투자 자산보다 가혹한 심리적 시험대에 올라서게 된다. 24시간 365일 휴장 없이 돌아가는 시장의 특성과 수시로 발생하는 높은 변동성은 인간의 원시적인 뇌가 감당하기에 지나치게 큰 자극을 제공한다. 인간의 뇌는 원래 불확실성을 생존의 위협으로 간주하도록 진화했기 때문에 가격의 급격한 등락은 편도체를 자극하여 이성적 판단을 마비시키고 '맞대응 아니면 도주' 반응을 유도한다.

몇 년 사이에 비트코인이 제도권 자산으로 안착하고 있음에도 불구하고 일일 몇 % 전후의 변동성이 여전히 자주 발생하며 이를 견디지 못하는 투자자들은 가격 하락에 '패닉 셀Panic Sell'을 하거나 가격이 급격히 올라갈 때 '포모FOMO'에 빠져 무리한 따라잡기를 하는 등 극단적인 감정 기복으로 냉정한 판단을 하지 못하고 오히려 자산이 쪼그라들 수 있다.

비트코인 투자를 위한 멘탈 관리의 핵심은 변동성을 제거해야 할 위험이 아닌 자산의 본질적인 속성으로 받아들이는 수용력과 상황의 변화에 따른 대응 시나리오 준비에 있다. 2024년 4월 13일, 중동발 지정학적 위기 고조로 비트코인이 단 몇 시간 만에 10~15% 폭락하며 수조 원대의 레버리지 물량이 청산되었을 때 대다수의 개인 투자자는 공포에 질려 최저점에서 매도 버튼을 눌렀다. 2025년 4월 2일에는 트럼프 대통령이 이 날을 '해방의 날Liberation Day'라고 부르며 미국으로 수입되는 모든 상품에 기본 10%의 보편 관세를 부과하고 국가별로 최고 50%가 넘는중국 54%, 멕시코와 캐나다 25% 등 징벌적 상호 관세를 매기겠다는 폭탄 발언을 했다. 발표 직후 글로벌 증시는 곤두박질쳤고 다우존스 지수가 하루 만에 큰 폭으로 하락했다. 며칠 동안 S&P 500과 나스닥이 연일 5~6% 급락을 했고 비트코인도 7만 5천 달러 아래로 붕괴되었다.

블랙록의 디지털 자산 책임자인 로버트 미치닉Robert Mitchnick은 비트코인의 단기 변동성을 노이즈로 규정하고 장기적인 가치에 집중하는 것을 강조했다. 비트코인의 급락이나 극심한 단기 변동성이 비트코인 자체의 펀더멘털 훼손이 아니라 주로 역외 거래소의 고배율 레버리지 투기 세력에 의해 발생한다고 지적했다. 그는 "시간이 지남에 따라 정교한 장기 보유Buy-and-hold 중심의 기관 투자 활동이 시장을 주도할 것이며 이들은 단기적인 노이즈에 흔들리지 않는다"고 강조했다.

블랙록이 공식 발행한 백서에 따르면 비트코인은 국가 위험이나 전통적인 거래 상대방 위험이 없는 새로운 글로벌 통화 대안이라고 말했다. 지정학적 위기 시 단기적으로는 주식과 동반 하락하는 모습을 보이기도 하지만 장기적으로는 기존 금융 시스템과 펀더멘털이 다르기 때문에 포트폴리오의 훌륭한 분산 투자 수단이 된다고 평가했다.

진정한 투자의 근육은 가격이 하락할 때 계좌를 열어보지 않는 무관심이 아니라 하락의 원인이 자산의 펀더멘털 자체의 훼손인지 아니면 단순히 시장의 집단적 히스테리인지로 인한 반응인지 살펴서 구분할 수 있는 이성적 여유와 상황에 대한 정보력에 의해 길러진다. 투자를 위한 멘탈은 짧은 시간에 완성되지 않으며 소액으로 시장의 풍파를 직접 겪어내며 뇌의 도파민 회로를 재설계하는 때로 고통스럽지만 때로 도파민이 터지는 실행 과정을 거치면서 서서히 강화된다.

인지적 편향과 확증 편향이 가져오는 투자 실패 피하기

인간의 뇌는 진화론적으로 에너지 소모를 줄이기 위해 정보를 편향적으로 수집하고 처리하도록 설계되었다. 암호화폐 투자에서 치명적인 인지적 오류는 '확증 편향Confirmation Bias'이라고 할 수 있다. 투자자들은 자신이 매수한 코인에 대한 긍정적인 전망만을 담은 유튜버의 영상이나 뉴스만 찾아서 읽으며 자신의 선택이 옳았음을 끊임없이 확인받으려는 경향을 부인다. 합리적인 근거를 바탕으로 한 경고의 목소리는 '퍼드FUD, 두려움과 불확실성'로 치부하며 외면한다. 변동성이 큰 자산이기 때문에 더욱 다양한 뉴스와 의견을 참고하는 것이 필수적이다.

과도한 중앙화와 기술적 결함으로 인해 한때 시가총액 상위권이었던 특정 알트코인 생태계가 붕괴하기 시작했을 때 많은 투자자가 커뮤니티 내부의 확증 편향에 빠져 '존버HODL'를 외치다 원금의 90%를 잃기도 했다. 이는 정보의 부족 때문이 아니라 보고 싶은 것만 보는 뇌의 필터가 작동했기 때문이다. 다른 현상으로는 최근의 수익이 계속될 것이라고 믿는 '최신 편향Recency Bias'과 일단 보유한 자산에 과도한 애착을 갖게 되는 '보유 효과Endowment Effect'는 적절한 손절과 포트폴리오 조정을 방해하는 주범이다.

다양한 인지적 편향을 수정하기 위해서는 노벨 경제학상 수상자인 대니얼 카너먼Daniel Kahneman이 제시한 '시스템 2 사고느린 생각'를 강제로 가동해야 한다. 감정적인 직관시스템 1이 내리는 명령을 거부하고 논리적 분석을 선행시키는 훈련이다. 2026년의 성공적인 투자자들은 자신이 보유한 자산에 대해 가장 비판적인 분석을 내놓는 매체나 전문가의 의견을 가장 먼저 검토하는 '레드 팀Red Team' 활동을 갖추어야 한다. '매몰 비용 오류Sunk Cost Fallacy'를 극복하기 위해 매일 아침 "내가 오늘 이 자산을 보유하고 있지 않다면 현재 가격에서 새로 매수할 용의가 있는가?"라는 질문을 스스로에게 던지며 냉정하게 포트폴리오를 재점검한다.

"주식은 당신이 그 주식을 소유하고 있다는 사실을 모른다The stock doesn't know you own it." 투자자가 특정 기업에 애착을 가지고 분석에 많은 시간을 쏟더라도 주식 시장이나 주식 자체는 투자자의 노력과 감정을 전혀 알아주지 않는다는 것이다. 주식과 사랑에 빠져 하락장에서도 현실을 부정하는 투자자들에게 던지는 가장 직설적이고 유명한 경고다. 전설적인 펀드 매니저 피터 린치Peter Lynch가 그의 책 <전설로 떠나는 월가의 영웅One Up On Wall Street>(1989)에서 강조한 내용이다. 피터 린치는 이 책에서 투자자가 가장 피해야 할 어리석은 생각 중 하나로 주식에 인격을 부여하는 행위를 꼽았다.

때로 비트코인 투자와 관련해서 마치 신앙처럼 얘기하는 사람들이나 무조건 사서 무조건 팔지 말고 보유하라는 식의 조언을 하는 사람들도 간혹 있다. 비트코인 자체에 인격을 부여하거나 사랑에 빠지는 것을 넘어 신앙으로 받드는 것처럼 조언하는 사람들이 있는데 이런 사람들도 살짝

거리를 둬야 한다. 자신이 설정한 대응 시나리오에 따라 적절한 타이밍에 계획한 % 만큼 매도와 매수를 하면서 리스크도 줄이고 수익률도 높이고 해야 한다.

보유 효과Endowment Effect: 사람들이 어떤 대상이나 상태를 일단 소유하고 나면 그것을 소유하지 않았을 때보다 그 가치를 훨씬 더 높게 평가하는 심리적 편향을 의미한다. 내 것이 되는 순간 객관적인 가치보다 더 비싸고 귀하게 느껴지는 심리적 현상이다. 보유 효과는 다음과 같은 3가지 주요 원인 때문에 발생한다.

1. 손실 회피(Loss Aversion): 사람들은 무언가를 얻는 기쁨보다 가진 것을 잃는 고통을 약 2배 더 크게 느끼는 경향이 있다. 손절 결정은 새로운 투자를 위한 현금 확보와 더 이상 하락으로 인한 손실을 중단하는 효과가 있다는 것을 인식하는 것보다 손실 그 자체를 더 크게 인식한다.

2. 현상 유지 편향(Status Quo Bias): 인간은 본능적으로 현재의 상태를 변화시키는 것을 꺼리고 그대로 유지하려는 심리가 있다. 자신이 이미 소유한 상태를 기본값으로 인지하고 이를 바꾸는 거래 자체에 저항감을 느낀다.

3. 심리적 소유감과 애착: 자신의 시간, 노력, 기억 등을 투영하여 매수한 자산에 대한 심리적인 애착이 생기기 때문이다.

감정을 배제한 '원칙 매매'와 수익 실현 시나리오 설정

결국 모든 투자의 성패는 '어디서 사느냐'가 아니라 '어디서 파느냐'에서 결정된다. 탐욕은 상승장에서 인간의 이성을 마비시킨다. 2025년 10월 6일, 비트코인이 12만 6천 달러를 돌파하며 사상 최고가를 경신할 당시 이때 많은 투자자가 "이번 랠리는 이전과 다르다"며 미리 세워두었던 수익 실현 계획을 철회했고 오히려 레버리지에 투자를 하면서 이후 발생한 조정 국면에서 레버리지 강제 청산을 당하며 가파른 급락으로 그동안의 수익금 대부분을 잃는 사태가 벌어졌다. 당시 유튜브에는 실시간으로 자산이 사라지는 (사실인지 아닌지 알 수 없지만) 계좌 인증까지 하며 급락으로 많은 자산을 한순간에 날려 버린 상황을 인증하는 영상이 올라오기도 했다.

감정 매매를 최대한 배제할 수 있는 효과적인 방법은 '기계적인 매매 플랜'을 매수 시점에 이미 설계해 두는 것이다. 전문가들이 강력히 권장하는 방식은 '목표가 기반 분할 매도' 전략이다. 수익률 100% 달성 시 원금의 50%를 무조건 인출하여 다음 투자 타이밍을 기다리고 이후 자산이 20% 상승할 때마다 남은 잔량의 10%씩을 기계적으로 매도하는 규칙 등을 미리 세워두는 것이다. 물론 수익률 100% 달성한 후 바로 파는 것이 아니고 100% 달성 후 하락으로 전환되는 것을 확인한 후 수익 실현을 하는 것을 추천한다. 수익이 날 때는 수익을 최대한 기다린 후 매매하는 것이 수익률을 높이는 방법이다. 수익률 100%가 넘으면 일단 조정을 받을 때 한번 수익 실현하는 시나리오를 가동하라는 의미다.

펀드스트랫Fundstrat의 톰 리Tom Lee가 제안한 '비트코인 밴드 리밸런싱' 전략은 감정적 동요를 차단하는 훌륭한 도구로 활용되었다. 수익 실현 타이밍을 잡을 때 자신의 느낌이나 감을 믿는 것이 아니라 상대강도지수^{RSI}가 80을 넘어서거나 공포·탐욕 지수가 90에 도달하는 등 참고할 수 있는 수치화된 데이터가 신호를 보낼 때 감정 없이 매매 의사 결정을 실행하는 훈련이 필요하다. 자산 리밸런싱 시대의 생존 전략은 '얼마나 많이 아느냐' 보다 '얼마나 원칙을 지키느냐'에 달려있다. '원칙 중심의 매매'를 할 수 있다면 그다음은 공부를 통한 내공을 쌓으면서 원칙 자체를 업그레이드하는 것이다.

톰 리의 비트코인 밴드 리밸런싱 전략: 높은 변동성을 가진 암호화폐를 전통적인 포트폴리오에 안전하게 편입하고 투자자의 심리적 오류를 기계적으로 통제하는 자산 배분 기법이다. 밴드 리밸런싱은 전체 투자금에서 비트코인이 차지하는 목표 비중을 정해 두고 가격 변동으로 인해 그 비중이 미리 설정한 허용 범위를 벗어날 때는 기계적으로 매도 또는 매수하여 원래 목표 비중으로 되돌리는 관리 전략이다.

톰 리는 기관 투자자나 자산가들이 포트폴리오에 비트코인 비중을 1%에서 최대 5% 수준으로 설정할 것을 권장한다. 이 전략이 투자 시장에서 강력한 무기로 작동하는 이유는 인간의 본성에 반대로 작동하는 시스템이기 때문이다. 'Buy Low, Sell High' 전략이다.

커뮤니티의 소음과 군중 심리로부터 나를 보호하는 법

가상자산 투자는 본질적으로 외로운 싸움이지만 아이러니하게도 개인 투자자들은 텔레그램, X$^{구 트위터}$, 디스코드 등 각종 커뮤니티 정보에 과도하게 의존한다. '디지털 군중 심리'는 포모^{FOMO}를 증폭시키는 가장 강력한 원인이다. 커뮤니티 내에서 특정 코인이 '넥스트 비트코인' 혹은

'생애 마지막 기회' 등으로 추천받기 시작하면 개인은 소외되지 않기 위해 분석도 없이 따라하기 매수에 나선다. 한때 유행했던 밈코인^{Meme Coins} 광풍 당시 수많은 소액 투자자가 커뮤니티에서 공유되는 눈 돌아가는 수익률 영웅담과 (진짜인지 가짜인지 모를) 인증샷에 매료되어 진입했다가 결국 따라 들어간 그들이 기관과 고래들의 '출구 유동성^{Exit Liquidity}'으로 소모되고 말았다는 얘기들은 자주 돌아다닌다.

군중 심리로부터 자신을 보호하기 위해서는 의도적인 '정보의 절제'와 '디지털 스토아주의^{Digital Stoicism}'가 필요할 때가 있다. 시장이 과열될수록 소셜미디어의 알림을 끄고 차트와 거리를 두는 것도 좋다. 현명한 투자자들은 커뮤니티의 목소리를 정보가 아닌 심리적 활성 지표 정도로만 받아들이면 될 듯하다. 커뮤니티가 환희에 차 축제를 벌일 때를 가장 강력한 매도 신호로 장례식장 같은 침묵과 비관론이 가득할 때를 최고의 매수 기회로 읽어내는 역발상적 접근 방법을 가지는 것도 나쁘지 않다. 앞서 살펴봤던 것처럼 어느 쪽으로든 확증 편향이 되지 않도록 하고 감정적으로 이성적으로 균형 잡힌 상태를 유지하는 것이 매우 중요하다. 이성적인 상태를 유지하기가 어렵다면 예전에 세워두었던 매매 대응 시나리오를 다시 한번 점검하면서 감정과 마음을 추스려야 한다.

나만의 독자적인 필터로 '신호'와 '소음'을 어느 정도까지는 걸러내야 한다. 자산의 리밸런싱이라는 거대한 파도 위에서 나만의 서핑을 즐기기 원하는 투자자들은 독자적인 투자 시나리오와 매매 기록 일지를 기록하는 습관을 길러보자. 자산의 리밸런싱이라는 파도에 휩쓸려 사라져서는 안될 것이다. 다른 사람의 수익 인증샷 같은 것에 흔들리지 말고 자신의 속도대로 자신의 방식대로 자신의 시나리오를 설계한 후에 새로운 자산의 시대를 즐기는 마음으로 긴 투자의 여정을 항해하는 투자자만이 자산의 리밸런싱으로 새롭게 다가오는 투자 자산의 세계에서 남다른 성과를 즐길 수 있다.

출처 (References)

1. 주요 뉴스 및 금융 미디어 (News & Financial Media)

CNBC Finance: "Crypto FOMO: Psychological Traps to Avoid During the 2025 Bitcoin Bull Run", 2025.11.20. 보도.

Bloomberg Wealth: "The Art of Selling: Why Exit Strategies are More Important Than Entries in 2026", 2026.01.05. 분석 기사.

CoinDesk: "Confirmation Bias and the Collapse of Altcoin Echo Chambers: A Post-2025 Retrospective", 2025.12.18. 기사.

Forbes Advisor: "How to Build Mental Resilience in Volatile Crypto Markets", 2025.04.15. 칼럼.

Financial Times (FT): "Digital Stoicism: How the New Class of Investors Ignores Market Noise", 2025.10.30. 특집.

2. 공공 및 공식 분석 기관 (Public & Official Sources)

American Psychological Association (APA): "The Neurobiology of Financial Decision Making Under Uncertainty", 2025 연구 보고서. (apa.org)

Alternative.me: "Crypto Fear & Greed Index: Historical Trends and Retail Sentiment Correlation 2024-2025", 시계열 데이터 통계. (alternative.me)

Polymarket Insights: "Predictive Markets as a Tool for Measuring Market Sentiment and Over-exuberance", 2025 통계 자료. (polymarket.com)

BlackRock Digital Assets: "Institutional Perspectives on Market Volatility and Long-term Psychology", 2025 투자자 가이드. (blackrock.com)

CME Group: "Behavioral Finance in Crypto Derivatives: Understanding Trader Sentiment via Open Interest", 2026.01. 리서치.

National Bureau of Economic Research (NBER): "Herding Behavior in Digital Asset Markets and Its Macroeconomic Implications", 2025 워킹 페이퍼.

저자 프로필

배운철

- 블록체인 전략연구소 소장
- ㈜메타크로스 대표
- 협성대학교 객원교수
- 딜사이트경제TV 고정 출연

저자는 한양대학교 전자계산학을 학부 전공하고 연세대학교 MBA(마케팅, 매니지먼트)로 석사를 마친 후 한양대학교 언론정보대학원에서 신문방송학 박사 과정을 수료했다. 공학도로 시작하여 경영학을 거쳐 미디어를 전공하는 융합형 커리어를 가졌다.

첫 직장인 데이콤에서 PC통신 천리안 서비스를 개발하며 인터넷 비즈니스에 참여하였고 이후 e비즈니스 사업에 참여했다. SNS가 등장할 때 '소셜미디어 전략연구소'를 설립하여 SNS를 활용한 디지털 마케팅으로 사업을 했고 2016년부터는 블록체인 전략연구소 소장으로 활동을 해왔다.

2016년부터 블록체인 시장에 참여하여 고객사의 블록체인 프로젝트 컨설팅을 지원하며 다양한 블록체인 프로젝트에 자문 역할을 했다. '블록체인 적합성 평가'와 '블록체인 비즈니스 모델' 설계를 중심으로 강의와 컨설팅을 해 왔으며 최근에는 비트코인 투자 중심으로 활동하고 있다.

2025년 1월부터 딜사이트경제TV 화요일 아침 방송에 고정 출연을 하고 있으며 암호화폐 시장의 최신 소식과 핵심 정보를 쉽고 빠르게 전달해 왔고 비트코인을 중심으로 한 암호화폐 투자 전략의 중요성을 강조하고 있다.

블록체인 산업에서 얻은 지식과 컨설팅 경험에 더하여 최근 1년간 방송에서 다루었던 비트코인 투자 관련 핵심 내용을 종합적으로 정리했다.